W0335946

Margot Dreier

Aufgewachsen in MANNHEIM

Die 60er & 70er Jahre

Wartberg Verlag

IMPRESSUM

Bildnachweis:

Karin Altmann: S. 44; Ulla Bachstein: S. 6 o li, 6 u. re, 11 u, 14 re, 22 u li, 26, 35, 37; S. Baier: S. 13, Bernd Dreier: S. 3, 53, 54 u, 55, 63; Fotolia-Interstilist: S. 60; Fotolia Evgeny Kann: S.56 u; M. Gade: S. 7 o, 7 mi; Vera Metzker: S. 4 u. li, 5 o, 10, 11 o, 12, 22 o re, 34, 48, 49; Edith Ochs: S. 6 o re; Pixelio-Anguane: S. 27; Pixelio-bbroiangio: S. 22 u. re; Pixelio M. Bührke: S. 8 o; Pixelio-Hofschlaeger: S. 42 u; Pixelio-magicpen: S. 24 u; Pixelio Ralf van Melis: S. 9, 58; Pixelio-Rahouse: :S 22 o li; Pixelio-Stebchen: S. 29 o li; Pixelio R.Sturm: S. 20 u, 36; D. Schmitt: S. 28; G. Schoenemann: S. 29 o li; Stadtarchiv Mannheim: S. 4 o, 4 u. re, 5 u, 14 li, 15, 16, 18, 19, 20o, 21, 23 u, 24 o, 29 u, 30, 31, 32, 38, 41, 42 o, 45, 46, 47, 50, 51, 52, 54 o, 56o, 60o, 61, 62; B. Stolze: S. 23 o; ullstein-kpa: S. 39 u; ullstein: S. 39 o, 57

Wir danken allen Lizenzträgern für die freundliche Abdruckgenehmigung. In Fällen, in denen es nicht gelang, Rechtsinhaber an Abbildungen zu ermitteln, bleiben Honoraransprüche gewahrt.

1. Auflage 2008
Alle Rechte vorbehalten, auch die des auszugsweisen Nachdrucks
und der fotomechanischen Wiedergabe.
Gestaltung und Satz: Sislak Design, Bad Soden-Salmünster
Druck: Bernecker MediaWare AG, Melsungen
Buchbinderische Verarbeitung: Buchbinderei Büge, Celle
© Wartberg Verlag GmbH & Co. KG
34281 Gudensberg-Gleichen · Im Wiesental 1
Telefon: 05603/93050 · www.wartberg-verlag.de
ISBN: 978-3-8313-1882-7

Liebe Leserinnen und Leser,

die wilden 60er und 70er Jahre, in denen einerseits die Entbehrungen der Nachkriegszeit noch allgegenwärtig waren und andererseits sich alles im Aufschwung befand, waren enorm spannende und aufregende Jahrzehnte. Alles stand im Zeichen der Modernisierung, des Wandels und des Umbruchs.

In Mannheim waren zwar die Zeiten der Trümmerlandschaften, der schlechten Wohnverhältnisse und des bescheidenen Lebensstandards noch lange nicht vorbei, aber es zeichnete sich schon viel Neues ab. Wir Kinder und Jugendliche haben den Wiederaufbau unserer Stadt hautnah miterlebt. Wir waren dabei, als in Mannheim neue Brücken, Straßen, Schulen, Häuser – ja, sogar ganze Stadtteile gebaut wurden. Mannheim war zu dieser Zeit eine einzige Großbaustelle.

Wir Mädchen verliebten uns wie am Fließband in die jungen, braungebrannten Gastarbeiter, die mit ihrem südländischen Charme ein bisschen Dolce Vita in unsere Quadrate trugen und so dafür sorgten, dass das Leben in Mannheim noch einen kleinen Tick bunter und aufregender wurde. Die Jahre der Beat-Musik, der Studentenproteste, der Bildungsreformen, der technischen Neuerungen, des politischen Wandels, der sexuellen Revolution, der Mode-Looks, der Vollbeschäftigung und der Mobilität waren der Startschuss für eine neue Zeit.

Von den Erinnerungen und von der Unbekümmertheit, mit der wir diese Zeit erlebt haben, erzählt dieses Buch.

Viel Vergnügen beim Lesen
wünscht Ihnen

Margot Dreier

Margot Dreier

Unsere ersten Lebensjahre

In Mannheim wehten die Windeln

Eigentlich hätten alle Mütter mit dem „Windel-Orden" ausgezeichnet werden müssen. Die Einschlagtücher und Mullwindeln der Säuglinge wedelten nämlich rund um die Uhr auf jeder Leine. In den Wohnungen standen die Eimer mit den eingeweichten Windeln herum, die oft noch bis tief in die Nacht ausgekocht und geschrubbt werden mussten, denn die Wäscheberge nahmen einfach nicht ab.

Noch schwieriger war es im Winter. Wenn es draußen so kalt war, dass die Klammern an der Wäsche festgefroren waren, mussten die Seile sogar in den Küchen, über den Herden gezogen werden. Dort, über den Töpfen mit frischem

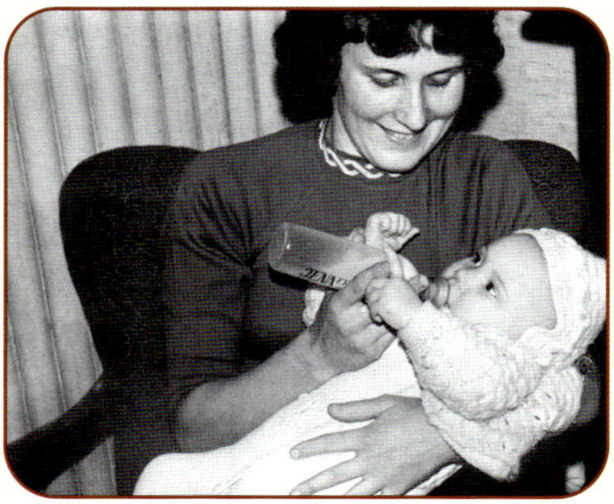

Das war die schönste Zeit des Tages.

Auf dieses niedliche Baby waren die Mannheimer besonders stolz. Michael Becherer wurde am 9. Dezember 1958 als 300 000ster Einwohner in Mannheim geboren.

So süß wie ein Püppchen.

Kesselfleisch oder dem Pfälzer Schweinepfeffer, waren die Windeln im Nu trocken und zudem trug die Wäsche auch noch den Wohlduft dieser herrlichen Hausmannskost, auf die die Mannheimer schon immer zu Recht sehr stolz waren.

Abteilung „Wannenbäder"

Obwohl man sich in der Zeit des Wirtschaftswunders und der Vollbeschäftigung befand, war die Wohnungsnot in Mannheim noch immer riesengroß. Besonders schlimm waren Großfamilien betroffen, die oft in menschenunwürdigen Behausungen leben mussten.

Die Gefahr ins gesellschaftliche Abseits zu geraten, war allgegenwärtig. Oft hatten die kleinen Wohnungen weder Dusche noch Bad, so dass ganze Familien im Gänsemarsch ins Herschelbad marschieren mussten, um dort unter dem resoluten Regiment einer Bademeisterin ein Bad zu nehmen. Die Abteilung „Wannenbäder" des alten Herschelbades war Anfang der 60er Jahre für viele Mannheimer ein Segen, denn es sollte noch Jahre dauern, bis die 45 000 Wohnungen, die so bitter notwendig waren, gebaut waren.

Chronik

CHRONIK

15. März 1960
Der Sprachwissenschaftler Heinrich Löffler erhält den Konrad-Duden-Preis.

1. April 1960
Der Flughafen Mannheim verfügt über acht Passagierflugzeuge.

23. April 1960
NS Verbrecher Adolf Eichmann wird in Argentinien festgenommen.

6. Dezember 1960
Oberbürgermeister Dr. Reschke verleiht den Schillerpreis an Prof. Theodor Eschenburg.

21. Dezember 1960
75. Geburtstag Hermann Heimerichs.

13. August 1961
Abriegelung der Grenze zwischen West- und Ostberlin, Bau der Mauer.

4. Dezember 1961
In Wolfburg läuft der fünfmillionste Käfer vom Band.

23.-26. Juni 1963
US-Präsident John F. Kennedy besucht Deutschland, Höhepunkt der Reise ist seine Rede in Berlin am 26.6.

Mannheimer Herschelbad, Abteilung „Wannenbäder".

Warten will gelernt sein.

Besetzt!

In vielen alten Häusern waren die „stillen Örtchen“ noch im Hausflur. Vor den Türen dieser „Kabüffchen“ spielten sich oft richtige Dramen ab, denn schließlich hatten alle Mieter das Nutzungsrecht und da blieb es natürlich nicht aus, dass hier und dort Warten angesagt war.

Wohl dem, der warten konnte! Wenn nicht, musste man sein Glück einen Stock tiefer versuchen. Aber das konnte ins Auge gehen, denn wenn man Pech hatte, standen da auch schon welche an und bis man wieder nach oben gerannt war, riegelte dort schon der Nächste ab, dabei wäre dieser Glückspilz ja noch gar nicht dran gewesen. So eine Frechheit! Da half nur energisches Klopfen und Rufen, bis man endlich den Kettenzug rasseln und die Spülung rauschen hörte. Auweia, das wurde dann aber auch mal Zeit.

Hauptsach: Kardoffle.

„Gschdompfdes“ oder andere Köstlichkeiten

Wenn die Pfälzer Kartoffelhändler mit ihren riesigen Kuhglocken auf den Straßen schellten und immerfort:

„Ihr Leit, kaaaft Kardoffle, ... schäne Pälzer Kardoffle ...!“ riefen, kamen die Hausfrauen in ihren bunten Kittelschürzen aus allen Häusern gelaufen um sich von diesen „Pälzern Krischern“, wie sie hier in Mannheim gerne genannt wurden, die gehäkelten Einkaufsnetze und Körbe füllen zu lassen, denn die „Pälzer Grumbeere“ waren schließlich die kurpfälzische

Für die Kleinen gab es „Gschdompfdes“.

Delikatesse überhaupt und bildete allem voran die Grundlage der Mannheimer Küche. Ob als „Quellmänner" oder „Kardoffelknöpp" serviert, ob als „Brotkardoffle" oder als „Gschdompfdes", das war egal, Hauptsach: Kardoffle.

Der kulinarische Höhepunkt: Kardoffelsupp mit Werschdel drin.

Treffpunkt Küche

Das Familienleben spielte sich meistens in den großen Wohnküchen ab. Während wir Kinder auf der Eckbank saßen, Karten spielten oder auch unsere ungeliebten Hausaufgaben machten, stampften die Mütter riesige Berge Kartoffelbrei, brieten Frikadellen wie am Fließband und schwitzten Soßen an, die nach vollkommener Glückseligkeit dufteten.

Hier, wo die Wasserkesselvögelchen zur Kaffeezeit pfiffen, gab es samstags den kulinarischen Höhepunkt der Woche, nämlich: „Kardoffelsupp mit Werschdel drin" und dazu die berühmten „Dampfnudle", die ohne jegliche Dekoration auskamen und trotzdem so manchen Dreisternekoch das Fürchten lehrten, denn zwischen Dampfnudeln und den echten „Monnemer Dampfnudle" lagen halt schon immer Welten.

Kaffeepause auf der roten Eckbank.

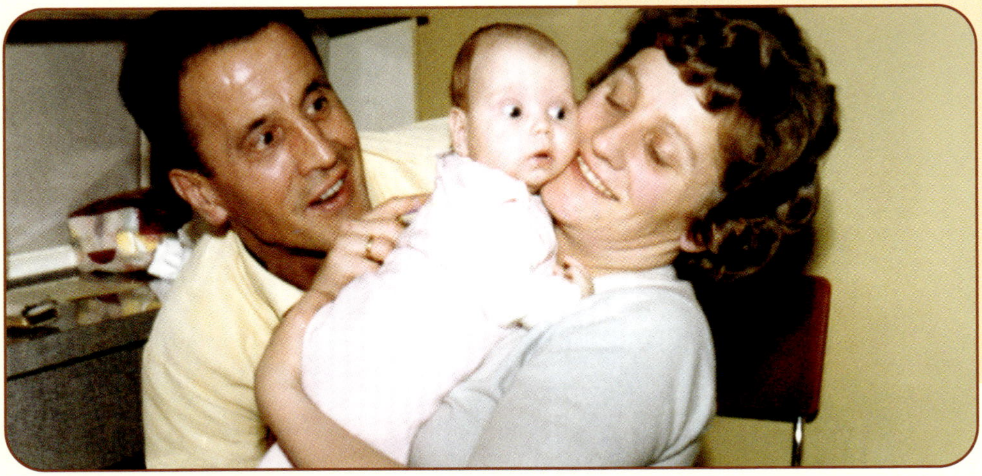

So ein süßer „Fratz"!

Von so einer modernen Küche träumten viele.

Ein Auto wäre schön, aber ...

Für ein Auto musste ordentlich gespart werden. Zu Beginn der 60er Jahre fehlte es aber in vielen Familien noch am Nötigsten. Nur wenige hatten schon einen Kühlschrank oder eine elektrische Waschmaschine, sodass die allmählich steigenden Löhne erst einmal für die Anschaffung dieser teuren Konsumgüter verwendet werden mussten. Der Traum, ein Auto zu besitzen, war für die Mehrheit noch Zukunftsmusik und nur für eine kleine Minderheit erschwinglich.

Eine Spritztour gefällig?

Die Durchschnittsfamilie hatte noch ganz andere Sorgen. In den maroden Altbauwohnungen, in denen die meisten von uns aufwuchsen, gab es in der Regel weder Bäder noch Heizungen. Die hohen Räume waren im Winter so kalt, dass die Betten vor dem Schlafengehen mit Wärmflaschen vorgeheizt werden mussten.

In den Küchen, wo die Öfen rund um den Tag befeuert wurden, war es am wärmsten. Dort wusch man sich und nicht selten schlief auch einer auf der ausziehbaren Couch, die damals in fast allen Küchen stand. Trotzdem hatten viele das Glück, in der Verwandtschaft oder im Freundeskreis einen stolzen Autobesitzer zu haben, mit dem man dann die eine oder andere kleine Spritztour machen konnte, denn Autofahren machte Spaß – und Spaß wollten schließlich alle haben.

Nur nicht krank werden

Noch waren bestimmte Krankheiten sehr gefürchtet, allem voran die meldepflichtige Infektionskrankheit Tuberkulose. Zehn Jahre nach Kriegsende waren viele Kinder, aber auch zahlreiche Erwachsene schlecht oder unterernährt. Dazu mussten auch noch Wohnverhältnisse hingenommen werden, die diese Krankheiten geradezu heraufbeschworen. Jedes Hüsteln erzeugte Panik. Die Angst, sich anzustecken war riesengroß. Da waren natürlich die mobilen Röntgenwägen, die von einem Stadtbezirk zum nächsten fahren konnten, um dort die nötigen Reihenuntersuchungen problemlos durchzuführen, fast schon ein kleiner Trost. Bei diesen Pflichtuntersuchungen ging alles wie am Schnürchen: „Euschnaufe! ... Luft ohhalde! ... Ausschnaufe!!", und schon stand man wieder auf der Straße – und wenn man Glück hatte, auch noch kerngesund!

Wer draußen spielen wollte, musste sich warm anziehen.

Die traurige Wahrheit

Für die meisten Kinder galt: Nicht ungeniert hinsehen und schon gar keine dummen Fragen stellen. Aber natürlich schielten wir hin, wenn eins dieser Kinder ohne Arme oder Beine im Biergarten saß und seine Apfelsaftschorle mit den Füßen trank, denn das konnte ja keiner von uns – und schon gar nicht so, dass nicht der ganze Tisch geschwommen hätte.

Trotzdem sagten die Erwachsenen gleich, dass wir unsere Augen bei uns behalten sollten und dass es sich einfach nicht gehört, diese armen Kinder so anzustarren und ihnen auch noch beim Trinken zuzusehen. Manche Eltern machten kleine Erklärungsversuche, aber die Tragödie war so groß, dass es letztendlich dafür doch keine angemessenen Worte gab.

Contergan

Anfang der 60er Jahre wurden Kinder mit schweren Schädigungen geboren. Durch ein Medikament namens Contergan, das bisher als völlig unbedenklich galt, und von den Ärzten gegen Schlafstörungen und Schwangerschaftsübelkeit gerne verordnet wurde, wurden Kinder ohne Arme oder Beine geboren. Die Tragödie war schier nicht zu fassen und doch gab es für die Eltern kaum Hilfe. Den Kindern verschrieben die Ärzte Prothesen für die Arm- und Beinstümpfe, mehr konnte man nicht tun. Die Gesellschaft reagierte auf diese schwerbeschädigten Kinder mit großem Mitgefühl, aber oft auch mit Unsicherheit und Ablehnung. Das Strafverfahren gegen das Pharma-Unternehmen Grünenthal endete im Dezember 1970 mit Einstellung wegen zu geringer Schuld.

Für die kleinen Wichtel war das ein großer Tag.

Nicht mehr am Rockzipfel

Ob die „Tanten" wohl wirklich lieb sein würden? Diese Frage beschäftigte uns schon Wochen, bevor wir in den Kindergarten kamen. Als es dann endlich so weit war, gab es so viel zu entdecken, dass wir sofort hellauf begeistert waren, zumal wir jetzt mit ganz vielen Kindern spielen konnten und die Tanten uns auch gleich die vielen verschiedenen Spielecken zeigten.

In der Bastelecke war ein Zoo aufgebaut, den die großen Kindergartenkinder aus Kastanien und Streichhölzern gebastelt hatten. Aber auch Knetmännchen hatten die Kinder gemacht und Bilder mit gepressten Blumen und Gräsern. Auf den Regalen standen Gläser mit Malstiften in allen Farben und jede Menge Kartons, in denen Perlen zum Auffädeln drin waren, aber auch Goldfolien und tausend andere schöne Dinge.

Im Kindergarten war es meistens lustig.

Wir Mädchen verzogen uns gleich in die Puppenecke, wo wir dann „Mudderles und Vaderles" spielten bis es Frühstück gab. Da durften wir dann unsere schönen neuen Kindergartentäschchen selbst von den Haken nehmen und unsere Äpfel und belegte Brote auspacken. Für die Kinder, die kein Frühstück dabeihatten, gab es was aus der Kindergartenküche, wo auch der heiße Tee für die „Sonnenschein Gruppe" gekocht wurde.

Später spielten wir noch „Ringlein, Ringlein, du musst wandern", aber dann war es auch schon gleich Mittag und wir wurden wieder abgeholt. Oh je, da gab es sogar Tränen, aber wir durften ja jetzt jeden Tag kommen und mussten gar nicht traurig sein. Wir waren ja jetzt richtige Kindergartenkinder.

Ausflüge und andere Vergnügen

Mannheimer Maimarkt

Wer in den frühen 60er Jahren auf den Maimarkt ging, machte sich fein. Die Frauen hatten frische Dauerwellen, trugen „Madeleine“ Schuhe und dazu elegante Kostüme vom „Modehaus Erna“. Die Männer schwenkten die frischgereinigten Hüte, hatten die Kinder auf den Schultern sitzen und waren in bester Festtagsstimmung.

Uns Mädchen und Buben hatte man neu ausstaffiert, sodass wir „vorzeigbar“ waren, wenn sich die Nachbarn und Kollegen an diesen bier- und wurstseligen Ständen trafen, wo man stand, bis die Augen glasig wurden – weil das doch alles ein bisschen zu schön war, um ganz wahr zu sein.

Wir Mädchen sahen zu diesen Anlässen besonders süß aus, denn wir waren „Babbas“ Liebling und deshalb wurden wir auch besonders schön angezogen. Zu den allerliebst duftigen Sommerkleidchen band man uns pastellfarbene Taftschleifen ins Haar, mit denen aber schon nach dem Sacklaufen und dem lustigen Wurstschnappen kein Staat mehr zu machen war. Wenn wir Kinder dann noch zu den übelriechenden Tierschauen und dem heißgeliebten „Streichelzoo“ gingen, war, was unsre Vorzeigbarkeit anbetraf, Hopfen und Malz verloren, denn unsere weißen Söckchen standen vor

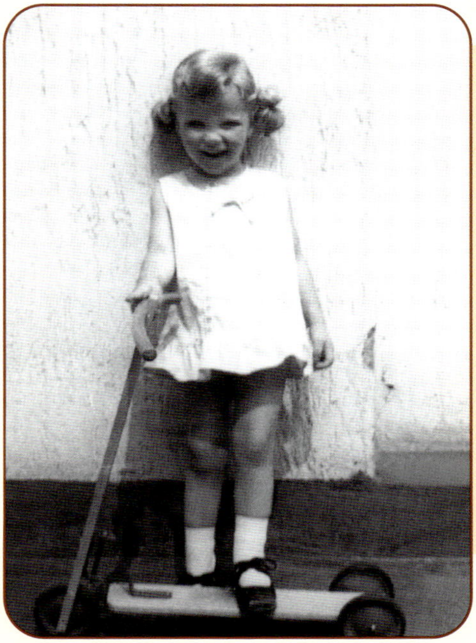

„Babbas“ Liebling.

So ein Kleidchen blieb nicht lange weiß.

Dreck. So wurden aus den süßen „Püppchen“ verschwitzte schlammige Schmierfinken. Die Mütter mussten immerfort das Taschentuch zücken und mit Hilfe von Spucke versuchten sie zu retten, was eigentlich nicht mehr zu retten war. Auf dem Heimweg blitzten manchmal schon die ersten Sterne am Himmel über dem Wasserturm und die Luft roch nach Maiglöckchen und nach zum Sterben leckerer Zuckerwatte.

Mannheimer Maimarkt

Der Mannheimer Maimarkt (gegründet 1607), die größte deutsche Verbraucherausstellung, ist eine der ältesten Institutionen der Stadt Mannheim. Für den legendären Landwirtschafts- und Viehmarkt begann 1962 mit dem Standort Friedensplatz das Zeitalter des neuen, modernen Maimarktes.

Das 40 000 qm große Gelände bot Platz für elf Ausstellungshallen, jedoch musste die dauerhafte räumliche Trennung von Maimarkt und Maimesse in Kauf genommen werden. Der Entschluss der Stadt Mannheim, den Maimarkt 1962 in eine private Gesellschaft zu verwandeln, stellte die tiefgreifendste Veränderung des Verbrauchermarktes dar.

Nach 1962 wurden Sonderschauen wie das Blumenkorso, der Streichelzoo – oder die beliebten Lehrschauen den Besuchern angeboten, die allesamt ein begeistertes Echo fanden. Auch Hubschrauber-Rundflüge waren sehr beliebt, sowie Reit- und Springturniere, die sich national und international einen Namen machen konnten.

Da die Stadt Mannheim sich für das geplante Landesmuseum für Technik und Arbeit beworben hatte und den Zuschlag vom Land Baden-Württemberg bekam, beschloss der Gemeinderat 1981, den Maimarkt ins Mühlfeld zu verlegen. Mit 380 000 Besuchern und rd. 1500 Ausstellern ist der Mannheimer Maimarkt heute die größte regionale Verbrauchermesse Deutschlands.

Die holländischen Meisjes

Das hatten die Mannheimer noch nicht erlebt! Junge hübsche Holländerinnen in Landestracht zogen in ganzen Gruppen durch die Planken und boten fröhlich und überaus charmant kleine Käsehäppchen an. Eine Werbestrategie, die im Zuge des traditionellen Mannheimer Maimarktes ersonnen wurde, um die Beliebtheit der Leistungsshow noch zu steigern.

An allen belebten Plätzen der Stadt konnte man die entzückend weißen Häubchen der reizenden Holländerinnen blitzen sehen. Sie verkörperten die fortschreitende Globalisierung und Ökonomisierung, denn sie gehörten zu den ersten ausländischen Anbietern, die den Maimarkt beehrten. Die holländischen Meisjes mit ihren sauberen Schürzen und viel zu großen „Klompen" waren bei den Mannheimern sehr beliebt und avancierten für einige Jahre zur Hauptattraktion des Mannheimer Maimarktes.

Wer will noch mal?

Kaum hatten wir Kinder den ersten Fuß auf die Kurpfalz-Brücke gesetzt, konnten wir die Spitzen der Karussells, das Riesenrad und das himmelhohe Gestänge der Schiffsschaukel schon sehen. Sobald wir dann auch noch die Ausrufestimmen der Betreiber hören konnten, waren wir nicht mehr zu bremsen, sodass wir von den Eltern immer wieder zurückgepfiffen werden mussten.

Hier war es am schönsten.

An der Alten Feuerwache konnte man schon den türkischen Honig und die gebrannten Mandeln riechen. Überall blitzten und blinkten die Leuchtreklamen, an jedem Stand dröhnte eine andere Musik und da und dort quietschten Räder. Kinder kreischten sich vor Angst und Spaß die Kehle aus dem Leib.

An jeder Ecke war Trubel. Ein Tingeltangel, der unsre Herzen höherschlagen ließ. „Wer will noch mal? Wer hat noch nicht?" Und schon flogen die Türen der Geisterbahn auf und wir tauchten ein in diese Welt des Gruselns und des Grauens, wo Zähne zusammenbeißen angesagt war und ein heldenhaftes Lächeln beim Ausstieg. Danach gab es Fischbrötchen oder Pfälzer Bratwurst mit viel Senf und eine Sinalco, die wir uns teilen mussten. Eklig, wenn einer seine „Fischbrötchen-Gosch" drangehängt hatte, wenn man selber grad Bratwurst aß.

Platz nehmen!

Aber da riefen schon die nächsten Stimmen: „Und wieder geht es auf zu einer neuen Fahrt! Einsteigen und Platz nehmen, wir starten sofort!" Nebenan auf den Schiffschaukeln flogen die Röcke, dass es die wahre Freude war, und am Schießstand, wo man die Stoffrosen, die Zeichen der ewigen Liebe schoss, knallte es wie im Wilden Westen. Aber wir gingen weiter, obwohl man sich vor den Losständen nur im Gänsemarsch bewegen konnte, ja sogar an die Hand der Eltern gehen musste, wie beim Zuckerstand auch.

Alle Kinder wollten von den Zuckerstangen, die man nur auf der Mess' kaufen konnte, deshalb gab es dort immer viel Geschrei. Die Jodelmusik im Bierzelt war aber noch lauter und wenn die Väter auf den „Lukas" einschlugen, verstand man sein eigenes Wort nicht mehr. Auf dem Heimweg war es auf der Brücke rappelvoll, sodass die Kinderwägen mit den angebundenen Gasluftballons kaum Platz hatten. Wenn wir Kinder uns umdrehten, sahen wir die ganzen wunderbaren Lichter der Mess' am Nachthimmel leuchten, und dass dann ordentlich Krokodilstränen flossen, muss eigentlich gar nicht erwähnt werden.

Spaziergang im Luisenpark

Sonntags gingen die Familien gerne im Luisenpark spazieren. Vorher wurde aber noch trockenes Brot für die Karpfen im Kutzerweiher eingepackt. Im Park gab es viele geheimnisvolle Uferwege. Die Äste der Trauerweiden hingen dort so tief, dass selbst wir Kinder uns bücken mussten, wenn wir dort entlanggingen. Alles duftete nach Moos und Wald. In jedem Baum zwitscherten Vögel und manchmal kletterten sogar Eichhörnchen an ihren Stämmen hoch, sodass wir schleichen mussten, um sie nicht zu erschrecken.

Mitten in der Stadt, so ein Paradies!, sagten dann die Eltern, die an solchen Tagen zu unserem Leidwesen jeden Strauch und jeden Stein fotografierten. Wenn eine leere Bank in Sicht war, stürzten wir Kinder gleich auf sie zu. Dort wurden dann die belegten Brote verzehrt und die Säfte getrunken, denn auf die Wiesen durfte man sich damals noch nicht setzen. Das wurde erst 1975 erlaubt, als der Obere Luisenpark im Rahmen der Bundesgartenschau neu gestaltet wurde.

Die zahlreichen Kinderspielplätze, die Gondolettas, den „Gebirgsbach", die Seebühne, das Freizeithaus, die Vogelgehege und Volieren gab

Jetzt mal alle artig lächeln!

Die eleganten Flamingos im Luisenpark.

es leider auch noch nicht. Deshalb war der Höhepunkt unseres Spaziergangs immer das Pflanzenschauhaus. Wir Kinder liebten diesen tropischen „Dschungel“, wo die Papageien und die Äffchen so kreischten, dass wir uns die Ohren zuhalten mussten. Zur Feier des Tages gab es dann auf dem Heimweg Eis am Stiel und für gewöhnlich kehrten wir noch bei der „Amicitia“ ein.

Lido der Kurpfalz

Fein, wenn es im Sommer hieß: „... pack die Badehose ein“, dann konnte das nur bedeuten, ins Badezeug hüpfen und raus ins Strandbad! Vater und Mutter traten tapfer in die Pedale, während wir Kinder auf den Querstangen und Gepäckträgern saßen. Das Netz mit den Essenssachen schlug gegen das Vorderrad und in den Kurven mussten wir Kinder uns ordentlich festhalten, sonst hatte man schnell „den Boden geküsst“, wie Vati das nannte.

Auf den Radwegen im Waldpark war es wundervoll kühl und wegen der vielen Bäumen auch ein bisschen dunkel. Ja, manchmal mussten wir sogar die Köpfe einziehen, weil wir so ein Tempo draufhatten, dass man gar nicht gegen den Fahrtwind gucken konnte. Wenn der Weg dann wieder heller wurde, wussten wir, dass wir da waren, am „Lido der Kurpfalz“, wie das Strandbad damals genannt wurde, und dann sahen wir auch schon die Scharen von Menschen, die die Wiesen bevölkerten. Bei 30 Grad im Schatten ging es hoch her.

Doin Vadder wart!

Kaum waren die Liegedecken ausgebreitet, fehlte auch schon irgendwo ein Kind. Ständig wurde wer über das Megaphon ausgerufen, was sich dann etwa so anhörte: „Hons Jirgen Lehmonn, ans weiße Heisel kumme, doin Vadder wart uff disch“! Oh weh! Wir Kinder wussten natürlich, dass das für den gesuchten Jürgen Lehmann nichts Gutes zu bedeuten hatte und dass der sich lieber mal noch nicht am „Weißen Häuschen“ blicken lassen sollte.

Für den Bademeister gab es viel zu tun, denn auf der Liegeweise war das Ballspielen verboten und das Schwimmen im Rhein war nur guten Schwimmern erlaubt. Trotzdem flogen ständig Bälle in die mitgebrachten Kartoffelsalate, und kaum hatte der Bademeister das „Freundchen“ am Schlafittchen, musste er auch schon wieder einen anderen aus den Fluten fischen. Das gab Ärger! Immerhin war der Bademeister die höchste Instanz auf unsrem „Lido der Kurpfalz“ und wer das vergaß, der konnte dann mal ganz

Sonntags radelte man ins Strandbad.

schnell für ein Stündchen Papier auflesen oder Verbotsschilder putzen. Aber natürlich waren wir Kinder am nächsten Sonntag wieder da und alles spielte sich genauso ab – nur, dass es statt Kartoffelsalat Frikadellen gab. Noch besser.

Strandbad

Am Neckarauer Rheinbogen zwischen Reißinsel und Silberpappel von Notstandsarbeitern 1927 erbaut, zählt das Strandbad noch heute zu den beliebtesten Freizeitanlagen Mannheims. Früher bevölkerten unzählige Badegäste den „Lido der Kurpfalz", wie er in Mannheim liebevoll genannt wurde. Aufgrund der zunehmenden Verschmutzung des Rheins wurde das Baden in den 70er Jahren verboten und das Strandbad nicht mehr als Bad geführt. Heute wird das Freizeitgelände noch gerne zum Sonnen und Grillen genutzt. Die Wasserqualität des Rheins hat sich in den letzten Jahren spürbar verbessert.

Telewischen

Anfang der 60er Jahre wurde der Wunsch, ein Fernsehgerät zu besitzen immer größer. Allerdings stand nur in einem Viertel der bundesdeutschen Haushalte dieses flimmernde Medium. Alle andern mussten sich „Lassie", „Fury", die „Texas-Rangers", am „Fuß der blauen Berge" oder auch „Stahlnetz" auf der Straße ansehen, nämlich vor den Schaufenstern der Elektrogeschäfte, wo sich das Publikum in wahren Trauben sammelte.

Wer bei diesen Fernsehunterhaltungen lieber sitzen wollte, ging in eine der zahlreichen Kneipen, denn dort hatten viele Gastwirte die modernen Geräte aufgestellt. Das „Frankeneck" war deshalb auch oft so hoffungslos überfüllt, dass die Stühle nicht mehr ausreichten. Die Faszination Fernsehen war nicht mehr zu stoppen. Jeder wollte Kuhlenkampffs TV-Quiz „Wer gegen wen?" oder auch Frankenfelds Improvisations-Show „1:0 für Sie" sehen.

Schon allein das karierte Sakko des Entertainers war eine Sensation und sorgte bei jeder Sendung für mächtig viel Gesprächsstoff. Wenn Frankenfeld, der Fernsehliebling der Nation, dann auch noch den besoffenen Taxigast mimte, schäumte die Stimmung im „Frankeneck“ völlig über, aber auch das Bier. Nach jedem Lacher wurde neu bestellt. So schnell wie da getrunken wurde, konnte gar nicht nachgeschenkt werden. Die Devise hieß nämlich: „ Wer net feiern konn, konn a net schaffe“. Prost!

Straßenfeger

Dass die Handlung weitab von jeglicher Realität war, störte damals keinen, denn immerhin lagen die Einschaltquoten bei 90%, ein Ergebnis, das nie zuvor und nie wieder danach von einem Medium erreicht wurde.

Die Rede ist von dem 6-teiligen Durbridge Krimi „Das Halstuch“, der am dem 3. Januar 1962 von der ARD ausgestrahlt wurde und wie kein anderes Fernsehereignis die Menschen dieses Landes vor die Bildschirme zog.

Ja, die Straßen waren tatsächlich landesweit wie leergefegt, wenn die Bilder aus Littleshore, dem kleinen Ort in der Nähe von London, in deutsche Wohnstuben flimmerten. Littleshore, ein sprödes Paradies, wo es nur zwei Dinge im Überfluss gibt, nämlich Wind und Regen, war der Schauplatz des Grauens. Dort, wo das Kaminfeuer Tag und Nacht brannte und mit Living-Roomidylle an die Brontè Schwestern erinnerte, war die Lebenserwartung der Frauen nicht mehr sehr hoch. Der Grund: ein geheimnisvoller Serienmörder, der seine Opfer, ausnahmslos Frauen, heimtückisch mit einem Halstuch erwürgte.

Alle hielten den Atem an

Ganz Deutschland war entsetzt. Die Zuschauer hielten den Atem an, wenn Kriminalinspektor Harry Yates (Heinz Drache) von Scotland Yard und sein Kollege Sergeant Jeffreys sich unerschrocken die Trenchs überwarfen, um unter den maroden Brücken, dort, wo ein mörderisch blickdichter Nebel allem Zwielichtigen Asyl gewähren konnte, den aufzuspüren, dessen gewissenlose Hände von keinem Frauenhals lassen konnte. Wer war dieses „Untier“, das sich immer neue Opfer suchte? Wo hielt sich dieses Scheusal versteckt? Ein fieberhaftes Rätseln erfasste ganz Deutschland.

Der Bäcker in Heidelberg, die Zeitungsfrau in Hannover, die Brezelfrau in Mannheim, die Bild-Zeitung – sie alle hatten einen Verdacht. Doch die Uhr des Verbrechens tickte erbarmungslos weiter, denn die Alibis der Verdächtigen waren bei näherer Betrachtung blütenweiß. Es war zum Verrücktwerden. Ein ganzes Land hatte nur noch ein Thema und jeder war sich sicher, es konnte nur ??? sein.

Thank you

Indessen wurde die Lage in Littleshore immer ernster. Jede dieser Frauen in dem britischen Nest konnte die Nächste sein. Ein Wettlauf mit der Zeit setzte ein, bei dem die Männer von Scotland Yard aufrechten Hauptes immer tiefer in die Dunkelzonen der Gesellschaft vordrangen. Die Menschen an den Bildschirmen hefteten sich mit Gänsehautnacken an die Fersen der Männer, die sich Nacht für Nacht ihren regenschweren Trench griffen, um in den geisterbahnähnlichen Cottages den aufzustöbern, der mit der Geste eines Gentlemans das Halstuch für die nächste Lady schon bereithielt.

Thank you Mister Durbridge, für die mörderisch spannenden Abende und dafür, dass in Littleshore die Malven-Löwenmäulchenidylle letztendlich doch wiederhergestellt werden konnte.

Heimliche Inspektionen

Die Kinder der 60er Jahre waren für das Warten vor Weihnachten nicht gemacht. Viel zu fern war das „große Finale“, der Heilige Abend. Ja sicher, man musste bis zur Bescherung nur noch ein paarmal schlafen, aber wer sich noch an diese dämmrig-dunklen Nachmittagsstunden erinnert, wird nicht vergessen haben, dass die Zeit stillzustehen schien.

Die Kinder drohten in Langeweile zu versinken, und wer wollte da den Stab über sie brechen, nur weil sich einige durch taktisch kluges Schnüffeln abzulenken wussten. Schließlich waren die Mädchen und Buben der 60er Jahre höchst kreativ und mit gutem Näschen ausgestattet, ähnlich denen von jungen Welpen.

Dank ihrer sensiblen Riechorgane waren sie in der Lage, jedes noch so kleine Päckchen zu erschnüffeln.

Durch unauffälliges Befühlen und Schütteln kamen sie den Inhalten immer näher, erstaunlich, wo überall sich etwas verbarg. Der ganze Schlafzimmerschrank war voller Geheimnisse!! Überall knisterten Plastiktüten und oben, in der Hutablage, schimmerten die Kufen der Schlittschuhe, und die „Sagen des Klassischen Altertums“ verbargen sich dort und ein Feuerwehrauto und ein Stickrahmen und, und, und.

Natürlich waren zu diesen geheimen Inspizierungen nur handverlesene Freunde und erprobte Geschwister geladen, die kein unnötiges Aufsehen erregten und diskret Sorge trugen, dass jegliche Form von übertriebener Mitwisserschaft unterblieb. Man erzählt sich, dass dieses Spiel auch heute noch da und dort von pfiffigen Kindern gespielt wird – aber so ganz genau weiß man es nicht.

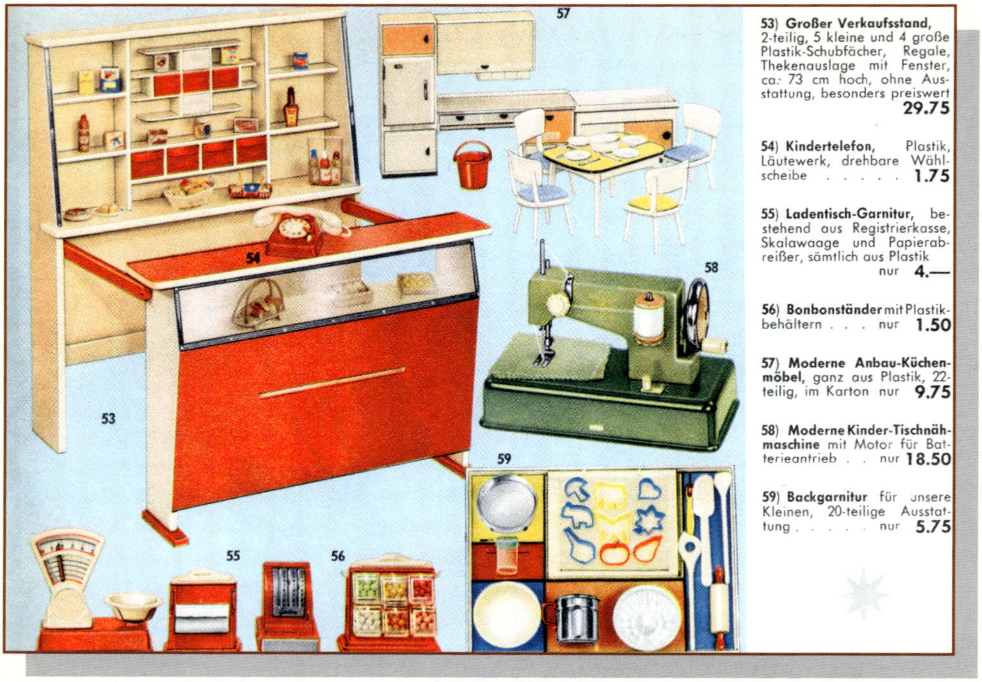

Da schlugen Kinderherzen höher.

Prosit Neujahr!

Silvester

Von Hunden gehasst, von Kindern geliebt. Kaum waren die besinnlichen Weihnachtstage vorbei, da pfiffen auch schon die ersten Heuler durch die Innenhöfe und China Böller flogen durch die Luft, dass es nur so krachte. Dabei schrieb man ja erst den 27. Dezember und das Geknalle war natürlich nur der Anfang. Der Auftakt sozusagen, denn die zündelnden Jugendlichen hatten sich ehrfurchtgebietende Vorräte angelegt, auf die sie zwanglos zurückgreifen konnten.

In diesen Tagen vor Silvester blühte an jeder Ecke der „Schwarzmarkt“: zwei Heuler gegen einen China Böller, drei Knallfrösche für einen Bombenschlag. Leuchtraketen brachten eine hübsche Summe von allem ein und gehörten deshalb fraglos zu den Spitzenreitern der Begierden. Bengalische Lichter, Goldregen, Wunderkerzen, sprich, alles was nicht knallt, hatte natürlich in diesem, der Name sagt es schon, knallharten Geschäft keinerlei Bedeutung.

Dass es unter den „Händlern“ ausgesprochene Koryphäen gab war klar, denn es heulte und krachte auf den Straßen nonstop, was zur Folge hatte, dass weit und breit kein Hund mehr zu sehen war. Wie die Hundehalter mit diesem Problem umgingen, bleibt deren Geheimnis und soll auch hier nicht angesprochen sein. Und Schimpfen tut man anderswo. In Mannheim waren es damals „halt bloß die Buwe, die ä bissel rumgschosse hawe“ und was so ein waschechter Mannheimer ist, so ist für den die Welt noch in Ordnung, so lang in „de Quadrade so rischdisch was los ist“. Na alla.

Wir entdecken die Welt

Der Ball ist rund

Damals spielte der VFR noch drüben in der Neckarstadt, neben dem Friedhof und den Brauereien. Wenn ein großes Spiel angesagt war, wollte jeder die „Buwe schpiele sehe“. Kein VFRler ließ sich so ein Spiel entgehen, sodass der Fußballplatz schon kurz nach Einlass aus allen Nähten platzte. Man drängte auf die besten Plätze, denn jeder wollte hautnah dabei sein, wenn die „Gold Buwe mol widder än Satz heiße Ohre ausdeilde“. Die Platzordner hatten keinen Nerv mehr. Das Geschiebe und Gedränge riss nicht ab. Für die „Neckarstädtler“ mit ihren großen Aktentaschen voll Flaschen musste ordentlich zusammengerückt werden, denn nur wo ein Wille war, gab's auch ein Bier.

Diese Regel schaffte Platz und gegen ein bisschen Tuchfühlung hatten ja die Mannheimer sowieso noch nie was einzuwenden. Also konnte es losgehen. Oben auf den Stehplätzen, wo die Sicht schlecht war, hatten die Männer sich schon auf die mitgebrachten Stühle und Leitern gestellt. Viele hundert Papierfähnchen wedelten in allen bunten Farben. Bierverschlüsse schnappten auf. Überall wurde nach den Wurst- und Brezelverkäufern gepfiffen. Letztere warfen die Brezeln bis hoch hinauf in die letzten Reihen. Juhuuuuuuuuuuh! Der Sonntagshimmel war blau. Mannem war am Feiern.

Die Musikanten sind da!

Damals hatten sie noch kleine possierliche Äffchen im Nacken sitzen und Trommelschlegel am Wadenbein, sodass sie nur ein bisschen

Fährt ein weißes Schiff nach Hongkong, hab ich Sehnsucht nach der Ferne ...

Die Brezel

Die Mannheimer haben die Brezel zwar nicht erfunden, auch wenn manche das nur zu gerne behaupten, aber ohne die „Brezelfraa“ am Paradeplatz und die „Brezelfraa“ am Marktplatz, wäre Mannheim nicht Mannheim.

Aber wer hat denn die Brezel erfunden? Nun, darüber wird viel philosophiert, aber feststeht, der Name Brezel geht vermutlich auf das lateinische „Brachialtellium“ zurück, denn der in eine Lauge getauchte Hefeteig symbolisiert die zum Beten verschränkte Arme und ist in vielen alten Bäckerwappen zu finden. Das älteste Wappen mit Brezel stammt aus dem Jahr 1111. Schon allein diese Jahreszahl ist magisch und vielleicht darf ja deshalb auch der Mannheimer ein bisschen ein Geheimnis um das „Nationalgebäck“ machen, das schon immer in sehr einfachen Buden am Straßenrand verkauft und während des Einkaufs aus der Hand gegessen wurde. Für den waschechten Mannheimer gehört die Brezel zu Mannheim wie „de Wasserturm oder die Plonke – nur halt noch ä bissel mehr“.

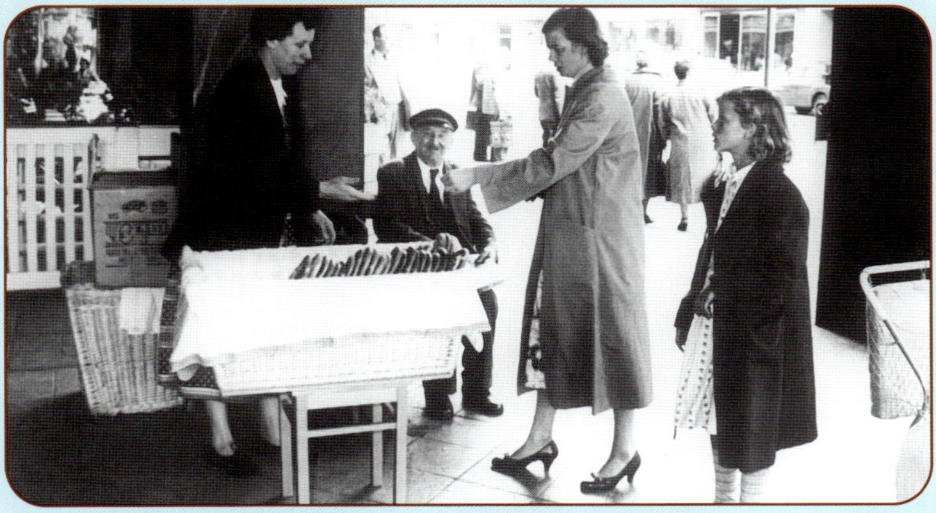

Typischer Mannheimer Brezelstand.

Krach machen brauchten und schon flogen die in Zeitungspapier eingewickelten „Zehnerchen“ in die Höfe.

Die Rede ist von den Straßenmusikanten, die für die Erwachsene aber nur „Gesochse“ waren. Wir Kinder jedoch waren durch nichts zu halten, wenn die Trommeln schlugen und so rannten wir uns die Seele aus dem Leib, wenn da und dort die in Papier eingewickelten Päckchen einen dynamischen Aufwind entwickelten und erst zehn oder zwanzig Meter weiter zum Liegen kamen.

Uns Mädchen und Buben haftete aber nicht nur der „Mannheimer Stallgeruch“ an. Wir waren insgeheim die „Herrscher“ der Straßen und Höfe und wussten die Gunst oder Missgunst einzelner Fenster bestens einzuschätzen. So gingen wir auch schon gleich in Deckung, wenn im dritten Stock in M2, 17a ein blauer, polizeiartig aussehender Kittelschurz oder im

In den Hinterhöfen war immer was los.

Wir zwei kennen uns hier bestens aus.

Giebelfenster die aufgewickelten Hemdsärmel des Parkschütz' auftauchten. So Leute musste man gut im Auge behalten, denn die hatten für derlei Darbietungen immer einen Eimer Wasser zur Hand, der schneller als gedacht zum Einsatz kam. Na ja, das ist Kurpfalz pur – immer direkt und mit viel „Schmackes".

Wir sind die wahren Herrscher der Höfe!

Die Erntehelfer

Die Schrebergärten waren für uns Stadtkinder die reinsten Paradiese. In der großen Gartenanlage am Herzogenried, wo die Kletterrosen so wucherten, dass wir Mädchen und Buben ständig verkratzte Arme und Beine hatten, waren wir die absoluten Herrscher dieses Terrains. Dort, wo hinter jeder Hecke Hühner gackerten und Enten schnatterten, war unser Abenteuerspielplatz. Wir kannten jeden Stein, jede Schnecke und natürlich auch jedes Loch im Zaun.

Für 50 Pfennig pflückten wir Brombeeren oder lasen Mirabellen und Aprikosen auf, denn es war Hochsommer und das Obst faulte verdammt

Ein Glückspilz war, wer einen Schrebergarten hatte.

brrrrrrr ... ganz schön kalt!!

schnell. Dabei durfte nichts verkommen, alles sollte eingeweckt oder zu süßer Marmelade verkocht werden, denn das sparte natürlich enorm Geld und davon hatte ja keiner nie genug.

Wir Kinder waren die besten Erntehelfer. Die Gärtner hielten uns mit Limo und Gutseln bei Laune, denn wir hatten Augen wie Luchse und jagten jeder noch so kleinen Zwetschge hinterher. Abends stiegen wir in die Regentonnen. Auweia, das Wasser war so kalt, dass wir so laut kreischten und johlten, dass es in der ganzen Neckarstadt zu hören war. Auf dem Heimweg klauten wir dann noch ein paar Blumen, machten ein oder zwei Taschen mit Obst und Gemüse voll, die wir dann zu Hause stolz auf den Tisch stellten. Die 50 Pfennig ließen wir natürlich im Schuh. Logisch.

Das zweite Wohnzimmer

Wo sonst hätten die Männer gemütlicher ihr Feierabend-Bierchen trinken können als an einem der geselligen Stammtische, die in den Mannheimer Gaststätten schon immer große Tradition hatten. Dass diese Stammlokale zum „zweiten Wohnzimmer" wurden, lag wohl daran, dass die berühmt-berüchtigten Schlachteplatten in der „Badischen Weinstube" oder die hausgemachten Leberknödel in der „Goldenen Gans" so unwiderstehlich waren, dass man den heimischen Herd gern mal vergaß und bei ein paar gut eingeschenkten Bierchen kräftig zulangte.

Hier „goschelten die Bloomäuler" so wie ihnen der Schnabel gewachsen war, und dabei nahmen die waschechten Mannemer kein Blatt vor den Mund. Gut, dass die Vermieter, Arbeitgeber oder Stadtväter nicht alles hören konnten, was wir Kinder so aufschnappten, während wir auf den Wirtshausstühlen standen und die Automaten mit „Zehnerle" fütterten, anstatt den Vätern auszurichten, dass sie endlich mal heimkommen sollten, weil die Kartoffeln schon matschig und die Hähnchen schon „Gummiadler" waren. Aber an den Stammtischen hatten die Männer oft die „Spendierhosen" an, sodass wir Mädchen und Buben die zugesteckten Münzen erst mal in die Musikbox oder in den „einarmigen Banditen" steckten, bevor wir mit den unfrohen Nachrichten der Mütter den Feierabendfrieden störten.

Ob es in der „Goldenen Gans" vielleicht doch behaglicher war?

Die Schulzeit beginnt

Nur noch ein paar Wochen

Den Schulranzen bekamen wir meistens schon lange vor Schulbeginn. Fast alle hatten einen braunen Lederranzen mit zwei Schnappverschlüssen. Ständig setzten wir den riesigen Tornister auf, spielten Schule oder liefen einfach damit in der Wohnung umher, denn wir freuten uns sehr darauf, bald ein Schulkind zu sein. Oft wurden wir von den Kindern, die schon in die zweite oder dritte Klasse gingen deshalb ausgelacht, denn sie waren ja schon die „Großen" und wussten jede

Die Erstklässler wurden gerne von den Älteren veräppelt.

Menge Schauermärchen über den schrecklichen Karzer und die strengen Lehrer zu erzählen.

Manche, sagten sie, würden schon „Kopfnüsse“ austeilen, wenn man nur mal in Richtung Fenster sehen würde und dabei gar nichts machen würde. Aber am schlimmsten wären die, die einem den Arm umdrehen würden oder einen in den Schwitzkasten nehmen, nur weil man vielleicht einen Stift vergessen hat oder einem ein Löschblatt fehlt. Wenn wir Mädchen dann losheulten, freuten sich die frechen Kerle ganz doll und sagten dann auch noch Sachen wie:

Erschtklässler Bobbele
trinkt noch ä Schobbele
wäd noch gfahre
im Kinnerwaache
Kinnerwaache kracht
's Bobbele lacht.

Fein angezogen

Für den „großen Tag“ wurden wir fein angezogen. Die Buben hatten Hosen mit schnurgeraden Bügelfalten an, dazu Sporthemden und bunte Pullover. Wir Mädchen trugen meistens Faltenröcke mit frisch gestärkten Blusen und Strickwesten. Unsere weißen Kniestrümpfe rutschten bei jedem Schritt, sodass wir ständig stehen bleiben mussten, um sie hochzuziehen. Dabei gaben wir aber unsere schönen Schultüten nicht aus den Händen, obwohl sie ziemlich schwer waren und so spitz, dass man sie nicht gerade mal kurz abstellen konnte.

Gar nicht so schlimm

Je näher wir der Schule kamen, desto fester hielten wir uns an der Hand unserer Mütter fest, denn die meisten Kinder kannte man ja nicht

Chronik CHRONIK

22. März 1964
Zum 60. Geburtstag von OB Dr. Hans Reschke gratuliert Direktor Mey vom Zirkus Sarasani mit seinen Elefanten im Rathaus.

12. Juni 1964
Eröffnung der II. Medizinischen Fakultät der Universitätsklinik in Mannheim.

10. September 1964
Grundsteinlegung für den neuen Stadtteil Vogelstang.

23. Juni 1965
Tagung der Max-Plank-Gesellschaft in Mannheim unter der Anwesenheit des Bundespräsidenten Lübke und seiner Gattin.

30. März 1966
Feierstunde anlässlich der Grundsteinlegung Zellstofffabrik Mannheim-Waldhof im Rittersaal.

29. August 1966
In San Francisco treten die Beatles zum letzten Mal gemeinsam auf.

6. Juni 1966
Erstmalige Verleihung des Ehrenrings der Stadt Mannheim an Dr. Max Silberstein, Dr. Walter Raymond und Karl Schweizer.

19. April 1967
Konrad Adenauer stirbt.

2. Juni 1967
Benno Ohnesorg wird vor der Deutschen Oper in Berlin erschossen.

5. Juli 1967
Einweihung des Blumenpeterdenkmals am Gockelsmarkt.

15. August 1967
In der Bundesrepublik Deutschland gibt es Farbfernsehen.

Das war ein großer Tag.

und von den Lehrern erzählten die Zweit- und Drittklässler einem ja auch nur schaurige Sachen. Der Schulhof war Treffpunkt für alle Kinder. Von dort aus ging es in die Aula, wo wir unseren Klassenlehrern zugeteilt wurden. Die Kinder, die sich kannten, hielten sich an den Händen fest und wollten unbedingt zusammensitzen. Viele quetschten sich zu viert in die Bank, obwohl nur zwei da sitzen durften. Danach malten wir unsere Schultüten und bekamen die Stundenpläne. Die fremden Kinder waren jetzt gar nicht mehr so fremd.

Als die Schulglocke läutete, rannten wir mit den selbst gemalten Bildern und den neuen Stundenplänen zu unseren Müttern, die uns draußen auf dem Schulhof in Empfang nahmen. Jetzt waren wir richtige Schulkinder. Am Nachmittag gab es dann Kakao und „Riwweleskuche", dabei durfte man dann endlich die Schultüte plündern.

Jetzt wird's spannend

Alle Schüler und Schülerinnen der 60er Jahre hatten die Gelegenheit, diesen großen, mutigen „Gladiatoren heimischer Wälder" zu begegnen. Diesen schulischen „Sternstunden" gingen seitens der Lehrer lange Vorankündigungen voraus, bis es dann endlich so weit war und im Frühling der Falkner und im Herbst der Förster unter dem frenetischen Jubel der Schüler in der Turnhalle einzogen.

Der Tumult und die schier endlose Begeisterung, mit der die Schüler Falkner und Falke begrüßten, erinnerte an die großen römischen Spiele, nur dass der Gladiator jetzt ein Falkner war und der Löwe ein Falke. Das imposante Leder Outfit des Falkners unterstrich die Gefährlichkeit des Raubvogels.

Im Gegensatz zum Falkner, dem die ungeteilte Aufmerksamkeit der Schüler zu gefallen schien, machte der Falke unentwegt waghalsige

Flugversuche, um diesem unheilvollen Lärm und dem brodelnden Hexenkessel in der Aula zu entfliehen. Unter Androhung von Strafarbeiten konnte der Lärm in der Regel auf gesundheitlich vertretbare 80 Dezibel runtergefahren werden, sodass der Falkner endlich mit seiner Vorführung beginnen konnte.

Der Vogelexperte

Nun ja, da waren also zunächst die Klauen. An sich nur gewöhnliche Vogelklauen, was aber den Falkner nicht davon abhielt, für ca. 20 Minuten bei diesem Thema zu bleiben, um dann übergangslos von den verschiedenen Nistgewohnheiten der Turm-, Wander- und Baumfalken zu berichten. Weil der Vogelexperte stets viel zu erzählen wusste und die Aufmerksamkeit sank, mussten einzelne Störenfriede die Sporthalle verlassen. Das machte diesen Unruhestiftern aber gar nicht viel aus, denn der in Ketten gelegte Falke sah sowieso recht harmlos aus und entpuppte sich überdies als ein langweiliger Waldbewohner, dessen Lebensraum ungefähr so interessant war wie das Liebesleben von Nacktschnecken – zumindest aus der Sicht einiger.

In den Jahren darauf sah es für die Schüler schlecht aus, denn dann kamen nur noch die Förster mit ihren verschreckten Dachsen und Wieseln. Warum dann aber mit einem Mal gar keiner mehr kam, weiß der Kuckuck.

Mit schwerem Rucksack

Die klassischen Ausflugsziele für uns Mannheimer Schüler waren: Altleiningen, der Dilsberg, die Wachenburg, das Felsenmeer, die Strahlenburg und Neckarsteinach. Und natürlich auch das romantische Heidelberger Schloss. Letzteres lag ja fast vor unserer Haustüre. Mit der OEG waren wir im Nu in der Heidelberger

Auweia, der guckt aber nicht sehr freundlich.

Altstadt, von wo wir dann mit unseren schweren Proviantrucksäcken den Schlossweg hinaufwanderten. Dabei wurde viel Quatsch gemacht, aber noch mehr gestöhnt und gejammert, denn die Zahl der „Fußkranken" unter uns Schülern war erschütternd hoch. Kaum waren wir oben am Schloss angekommen, erwartete uns Geschichte pur. Die Schlosskapelle, die Brunnenhalle, das Deutsche Apothekenmuseum und das von Carl Theodor bestellte Weinfass gehörten zum Pflichtprogramm einer jeden Führung.

Burgruine Dilsberg.

Der Höhepunkt

Obwohl die Lehrer viele lustige Anekdötchen zu erzählen wussten, schielten wir Mädchen die ganze Zeit mit einem Auge zum Kiosk hinüber, wo es bunte Freundschaftsbändchen, Waffeln, Plastikfotoapparate, Wundertüten, Fahrradwimpel und natürlich schönes leckeres Eis zu kaufen gab. Diese Souvenirstände mit ihren überreichen Sortimenten waren die eigentlichen Höhepunkte unserer Schulausflüge. Leider durften wir erst nach den Besichtigungen dort etwas kaufen. Kein Wunder, dass wir uns nicht auf die Zeittafeln, geschweige auf die langatmigen Vorträge in Sachen Erbfolgekrieg konzentrieren konnten. Wirklich, es war nicht unsere Schuld.

Heidelberger Schloss mit Blick auf Königstuhl.

Spaß und Spiel

Plötzlich war es da, das neue Spiel: Rolltreppenfahren! Statt am Nachmittag die Nasen in die Bücher zu stecken, bevölkerten wir Kinder die Kaufhäuser. Der Grund: die Rolltreppen! Sie übten eine solch große Faszination auf uns aus, dass wir gar nicht anders konnten als uns diesen „Kick" zu geben. Dieses Hinaufschweben von einer Etage in die Nächste versetzte uns in einen Glückszustand, der Raum und Zeit vergessen ließ.

Im Winter machte das Spiel besonders Spaß, denn die Kaufhäuser waren wunderbar beheizt

Fahrstühle waren wirklich faszinierend.

Hüpfkästen waren sehr beliebt.

und hatten warme Toiletten, sodass wir Kinder es dort schon ein paar Stunden hätten aushalten können, wenn das Verkaufspersonal nicht immer so entnervt reagiert hätte.

Ruckzuck waren die Rolltreppen dann wieder für die Kunden frei. Wir Kinder saßen enttäuscht vor der Türe und hatten eigentlich gar keine andere Wahl, als möglichst schnell ein neues Spiel zu erfinden, zum Beispiel Fahrstuhl fahren! Dieses Spiel war aufgrund der schnellen und unspaßigen Hausmeister nur von kurzer Dauer. Die Erinnerungen sind schmerzhaft und wollen auch nicht mehr erzählt werden.

Spielplätze

Wo waren die Spielplätze der Kinder in den 60er Jahren? Natürlich überall! Am Neckar konnte man Kaulquappen fangen – am Rhein die Schiffer ärgern – im Waldpark Baumhäuser bauen – in den Quadraten „Schellenklopferles machen – am „Monte Goggolo“ Schlitten fahren – in den Höfen Völkerball spielen – auf der Reissinsel Vogelnester ausheben – in den Trümmern rauchen – auf den Straßen Seil hüpfen – im Hausflur „Tarzan-Hefte“ tauschen – an der Silberpappel Maikäfer fangen – im Käfertaler Wald Fallen bauen – am Aubuckel Flieder klauen – am Neckardamm Drachen steigen lassen – in

Auf den Spielplätzen war immer was los.

der Jesuitenkirche die Gesangbücher verstecken – unter den Brücken zündeln – an der Sellweide Verstecken spielen – am Paradeplatz die Tauben ärgern – am Schlachthof Rollschuhe fahren – auf der Kurpfalz Brücke Weitspucken üben – am Kutzerweiher Enten jagen – im Schlosshof „Klickerles" spielen – am Wasserturm Schiffchen fahren lassen – im Keller Unterschriften üben ... und, und, und. Ja, ganz Mannheim, war für uns Kinder ein Spielplatz – und das war gut so.

Die Abrissbirnen

Mitte der 60er Jahre wurden in der Stadt immer irgendwo alte Häuser abgerissen. Kein Mensch wollte mehr in den „kalten Löchern" wohnen, wo die Decken so hoch waren, dass es lausig kalt war, egal, wie heiß die Öfen glühten.

Natürlich wollten wir Kinder dabei sein, wenn die dicken, fetten Abrissbirnen den Mauern so einen Schlag versetzten, dass sich ganze Staubwolken bildeten und es aussah, als ob die Häuser ganz langsam in die Knie sinken würden. Wir johlten und jubelten und auch viele Erwachsene waren ganz begeistert und sahen dem Spektakel gebannt zu.

Weil diese Abrissaktionen sehr gefährlich waren, war alles weitläufig abgesperrt und überall sorgten Polizisten dafür, dass die Sicherheitsvorkehrungen beachtet wurden. Für uns Kinder hatten diese schwingenden Birnen so eine Faszination, dass es nie ohne Ärger seitens der Polizei abging. Ständig hatte uns so ein Uniformierter am Wickel, weil wir schon wieder hinter den Absperrungen, wo man natürlich

Überall in der Stadt wurden alte Häuser abgerissen.

alles viel besser sehen konnte, rumturnten, obwohl die Steine der einstürzenden Häuser mitunter weit flogen und jeden von uns hätten treffen können. O je, das wollten die Polizisten natürlich nicht riskieren und deshalb knöpften sie sich uns einzeln vor, was natürlich nicht lustig war, denn sie drohten uns sogar damit, unsren Eltern mal einen Besuch abzustatten und ... au, au! Aber natürlich zeigten dieses Strafpredigten kaum Wirkung und so mussten wir in der Regel auch schon bald den Heimweg antreten. Schade, die großen Staubwolken hätten wir doch so gerne noch gesehen.

Abrissaktionen der 60er und 70er Jahre

In den 60er Jahren wurden in Mannheim fast ausnahmslos barocke oder klassizistische Bauten zerstört. Kassetten – und Fensterverkleidungen, wertvoller Stuck, geflügelte Engelsköpfe, Balustraden, verzierte Steinsäulen bis hin zu ganzen Jugendstilfassaden wurden gedankenlos abgerissen und wie Schutt entsorgt. Diesen unsäglichen Abrissaktionen fielen auch historische Zeugnisse zum Opfer, wie zum Beispiel das älteste Wohnhaus der Stadt Mannheim, das „Henkerhaus" in H 5.9 Hier wohnte im 18. Jahrhundert der Scharfsrichter Schmitt Viele Häuser im Jungbusch, die noch die reichverzierten typischen Mannheimer Holzgalerien hatten, wurden dem Wiederaufbau und der Sanierung der Stadt geopfert. Die Liste der unwiederbringlichen Zeugnisse Mannheimer Stadtgeschichte ist endlos.

Die Tage dieser historischen Häuser waren gezählt.

Endlich wurden Träume wahr.

Alles ist im Wandel

Es ging aufwärts!

Die Betonmischer drehten sich bis tief in die Nacht. In Mannheim herrschte Aufbruchstimmung. Straßen wurden gebaut, Brücken, Häuser, Schulen – einfach alles, was in den bitteren Nachkriegsjahren so sehr entbehrt wurde. Die Stadt war eine einzige Großbaustelle.

Wir Mädchen hielten uns die Nasen zu, denn die ausgebaggerten Gruben stanken wie faule Eier. Trotzdem drückten wir uns gerne dort herum, weil es immer was zu Kichern gab, wenn die Arbeiter hinter uns herpfiffen und so Sachen wie: „Bontschorno Sinjorita" zu uns sagten. Mit der Zeit wussten wir schon, welche Baustellen „lustig" waren und dort drehten wir dann täglich unsre Runden. Lernten Land und Leute kennen und ganz nebenbei auch die eine oder andere Fremdsprache, denn schließlich sollten wir ja Sekretärinnen oder sonst was Ordentliches werden und da war es ja nicht verkehrt, dass wir uns jetzt schon mal ein bisschen für diese Sprachen interessierten.

Ciao Bella!

Jetzt, wo an jeder Ecke gebuddelt und gebaut wurde, mussten wir nach diesen „braungebrannten Nachhilfelehrern" sowieso nicht lange suchen, denn irgendwo auf diesen Gerüsten turnten sie immer herum, und als die Nachbarhäuser in M 2 aufgestockt wurden und gegenüber das Gesundheitsamt gebaut wurde, sogar direkt vor unsren Nasen. Wir Teenager waren von diesen sizilianischen „Adonissen" ganz verzaubert. Das waren Männer, die nicht einfach Günter oder Kurt hießen, sondern Giovanni!!! Luigi!!! Paolo!!! Alles Namen, die dafür sprachen, dass uns diese Männer die Sterne vom Himmel holen würden. Und schließlich war doch der Himmel über Mannheim ein einziges Sternenmeer. Ständig hörte man sie singen. Mit „Tschauuu, Tschauuuuuuuu Bambiiiiiina" und „Sole, Sole, Sole, heißt die liebe Sonne ...", sollten wir Mädchen an die Fenster gelockt werden, aber da riefen unsre Mütter manchmal was rüber, von dem man nur heute noch hoffen kann, dass die „jungen Tenöre" es damals nicht verstanden haben.

Mannheimer Persönlichkeiten

Peter Baltruschat, geb. am 25. März 1960
Sänger, Produzent und Veranstalter. Seine künstlerischen Arbeiten im Rahmen des Kulturnetzes Mannheim/Rhein-Neckar finden große Beachtung.

Peter Schlör, geb. am 25. April 1964
Fotograf, bekannt durch seine fotokünstlerischen Schwarz-weiß-Arbeiten.

Thomas Pfrang, geb. am 11. Dezember 1964
Kanusportler, der wegen seines fulminanten Starts auch „Rakete" genannt wird.

Christian Habekost, geb. am 27. März 1967
Kabarettist und Musik-Performer.

Steffi Graf, geb. am 14. Juni 1969
Tennisspielerin, 377 Wochen auf Platz eins der Weltrangliste.

Xavier Naidoo, geb. am 2. Oktober 1971
Pop- und Soulsänger, erfolgreichster Musiker der Stadt Mannheim.

Bülent Ceylan, geb. am 4. Januar 1976
Kabarettist, bekannt durch seine erfolgreiche Show „Döner For One".

Jochen Hecht, geb. am 21. Juni 1977
Eishockeyspieler. Er gehört zu den besten Spielern, die der deutsche Eishockeysport hervorgebracht hat.

CHRONIK

3. Mai 1968
Ausstellung des Malers Rudi Baerwind in der Kunsthalle Mannheim.

23. Februar 1969
CSSR Woche in den Scala-Lichtspielen.

13. Dezember 1969
Einweihung der Straßenbahnlinie Mannheim-Vogelstang.

11. März 1970
Constanze Modenschau zeigt Brigitte-Modelle im Rosengarten.

3. Juni 1970
Einweihung der Hauptschule Vogelstang „Geschwister-Scholl-Schule".

8. Juli 1970
Die Mannheimer Rock-Band Kim Ping Meh wird gegründet.

11. August 1971
Der Zirkus Barum-Safari besucht das Rathaus mit einem zahmen Puma.

17. August 1971
Mr. Kewal Singh, Botschafter der Indischen Republik, besucht Mannheim.

8. November 1971
50 Jahre Großkraftwerk.

17. Dezember 1971
Übergabe der zwölfmillionsten nach dem Krieg in der BRD fertiggestellten Wohnung in Mannheim.

Die „Klinkenputzer"

Als die wirtschaftliche Lage sich stabilisierte und endlich jeder wieder in Lohn und Brot stand, klingelten die Vertreter in einem fort. Die Geschäfte an der Haustüre blühten. Kaum war der eine „Klinkenputzer" gegangen, stand schon der nächste in Anzug und Schlips auf der Matte. Es gab fast nichts, was nicht an der Türe verkauft wurde. Es gab aber auch nichts, was die Hausfrauen nicht brauchen konnten. Folglich schleppten die Vertreter Unmengen an: Staubsauger, Federbetten, Küchenwaagen, Topfsortimente, Decken, Trockenhauben usw. – alles zum „kleinen Preis", versteht sich, ohne Anzahlung und in überschaubaren Raten.

Für die „Herrin des Hauses" gab es bei Kaufabschluss eine Duschhaube gratis, für die Kinder zwei Hände Luftballons und einen Lutscher mit Kirschgeschmack. Nur für den „Herrn des Hauses" gab es nichts und vielleicht war das ja auch der Grund, warum so viele Männer dann abends, wenn sie von der Arbeit kamen, so gar kein Interesse für die schönen neuen Dinge zeigten.

So ein Foto machte Vati stolz.

Photo Porst

Wir, die Kinder der 60er und 70er Jahre, sind mit dem Namen „Photo Porst" quasi aufgewachsen. Der Versandhandel für Optik aller Art, insbesondere für Fotokameras, warb mit dem Slogan: „Ein kleines Drittel Anzahlung – der Rest in 6 bequemen Monatsraten". Dieses Teilzahlungsmodell – ohne Kreditprüfung und Rückfragen bei Bank oder Arbeitgeber – machte es plötzlich jedem möglich, den ersehnten Luxusartikel zu bestellen. Der Postweg war diskret, sodass man die Kameras „abstottern" konnte, ohne sich dafür vor den Nachbarn, Verwandten oder Kollegen schämen zu müssen.

Auweia, für die ersten Fotos musste aber noch ein bisschen geübt werden.

Damals flatterten ständig die neuesten Kataloge des Fotohauses in die Briefkästen, sodass sich die Väter in ihren heimeligen Wohnzimmern und bei einem Feierabend-Bierchen anhand der vielen detaillierten Abbildungen und Information in aller Ruhe ein Bild über das reichhaltige Sortiment machen konnten. Die Bestellscheine waren dem Katalog beigefügt und mussten nur noch ausgefüllt werden. Die Lieferungen erfolgten prompt. Die anonymen und „großzügigen" Kreditbedingungen machten Photo Porst zum größten Fotohaus der Welt!

Unser „kleines Rotes"

So sicher wie das Amen in der Kirche, so sicher schmückten ab den 70er Jahren die unverkennbaren Bertelsmann-Ausgaben die Bücherschränke unserer Wohnstuben. Jetzt, wo Bildung selbst dem „nichttypischen Buchkäufer" ans Herz gelegt wurde, wollte sich doch jede Familie einen vorzeigbaren Fundus in Sachen Bildung zulegen. Die märchenhaften Sammeltassen wurden kurzerhand in den Keller verbannt, denn jetzt brauchte man den Platz für Bildung und Wissen.

Die Buchclubs schossen wie Pilze aus dem Boden. Die Zielgruppe des Gütersloher Verlages waren „Facharbeiter mit Familie", sprich, der „nichttypische Leser", dessen Bücherborde noch zu füllen waren. Tatsächlich veränderten sich Anfang der 70er Jahre die deutschen Wohnlandschaften schlagartig, denn jetzt schleppten sogar die Postboten ganze Großenzyklopädien in 12 qm große Wohnstuben, sodass im Handumdrehen ein großartiges Bildungsfeeling entstand.

Pearl Buck, Maupassant und Françoise Sagan vertrugen sich schon anfänglich mühelos mit Vatis geheimnisvollen Unterwasserwelten, und so durften „Bonjour Tristesse" und „Aquarien bauen leichtgemacht" völlig sorglos Rücken an Rücken stehen. Und wir Kinder lasen uns wahllos durch die neuen Bücherwände und schmökerten nach Herzenslust – auch wenn wir nicht alles verstanden. Und die Kleinen unter uns glaubten, jede Menge Malbücher vor sich zu haben und kritzelten die neuen Statussymbole hemmungslos voll – sehr zum Ärger unserer Eltern.

Wer die Nase bildungsmäßig ganz vorne haben wollte, hatte natürlich allzeit auch das „kleine Rote" zur Hand. Dieser „Wissensgarant" (33 Millionen Mal verkauft) soll in den 70er Jahren tatsächlich die eine oder andere Bildungslücke problemlos geschlossen haben. Gesicherte Untersuchungen liegen aber nicht vor, sodass gerne spekuliert werden darf.

Für so einen extravaganten Bücherschrank musste ordentlich gespart werden.

Die Heimwerker waren nicht mehr zu bremsen.

Die Heimwerker

Baumärkte lösten jetzt die kleinen Eisenwaren- und Haushaltsgeschäfte ab und wurden schnell zum bedeutendsten Marktführer ihrer Branche. Plötzlich konnte jeder Vater – oder er glaubte zumindest, es zu können – ganz gleich ob er Buchhalter, Friseur oder Prokurist war, zeigen, was er handwerklich „draufhatte". Das reichhaltige Warensortiment versprach eine „kinderleichte" Verarbeitung, sodass jeder, der auch nur einen Hammer oder eine Säge halten konnte, sich berufen fühlen durfte, Haus und Hof in neuem Glanz erstrahlen zu lassen. Und wirklich, es fühlten sich viele berufen.

In Windeseile wurden Rundbögen eingebaut, Holzdecken eingezogen, Barecken eingerichtet und raumfüllende Aquarienwelten mit farbenfrohen Mosaiken verkleidet. So langsam aber sicher übertraf man(n) sich selbst. Keine Ecke des Hauses, die nicht durch ein selbstgezimmertes Resopalregal zu verschönern gewesen wäre. Kein Zimmer, das nicht durch den Einbau eines Raumteilers an Modernität gewonnen hätte. Keine Essecke, die nicht durch ein teppichverkleidetes Podest zum Hingucker hätte werden können.

Hammer und Säge waren unermüdlich im Einsatz. An den Stammtischen wurde jetzt ausführlich über die neuesten Teppichfliesen und die tropffreien Wandfarben diskutiert, aber natürlich auch über die richtigen Stutzen, Sägeblätter, Leisten, Flügelmuttern, Gewinde und, und ... Diese Fachkompetenz zeichnete die Jungpioniere in Sachen Heimwerken natürlich erst richtig aus und deshalb lautete ihr Motto allzeit: „Geht nicht, gibt's nicht und was nicht passt, wird passend gemacht". Basta.

Autowaschen ist ansteckend

Am Wochenende wurde Vatis „ganzer Stolz“ geputzt, das Auto. Zwischen 14 Uhr und 17 Uhr schäumte die ganze Straße, denn damals war Autowaschen noch Männersache. Und wenn „Herr Müller“ erst mal angefangen hatte, dem Dreck mit Schwamm und IMI an den Kragen zu gehen, dauerte es nicht lange, bis „Herr Meier“ die gleiche Idee hatte, denn Autowaschen schien wohl ansteckend gewesen zu sein. Und wir Kinder? Drücken galt nicht. Je nach Haus-

Das war Vatis ganzer Stolz.

halt und Einstellung der Eltern wurden wir zur „freiwilligen Kinderarbeit" verdonnert oder konnten uns sogar ein paar Groschen verdienen.

Schnell waberten kniehohe Schaumberge den Kanälen zu und in den Häusern rauschten fortlaufend die Wasserhähne. In den Sonntagshemden wurde gewienert und poliert, was das Zeug hielt. Die Sonne schien. Transistorradios plärrten – das Leben war schöööön! Die Fenster und Spiegel wurden blank gehaucht, dass es die hellste Freude war. Die neuesten Polierpasten wurden ausgetauscht, die Fußmatten ausgeschüttelt, die Aschenbecher geleert und natürlich zog sich so eine gründliche Reinigung hin. Die Männer guckten auch schon mal beim Nachbarn unter die Motorhaube, und weil es mit einem Blick oft nicht getan war, sah man sich den Vergaser halt doch etwas genauer an und im Handumdrehen – wer hätte das gedacht – spielte Deutschland/Brasilien und man musste sich ganz schön sputen, wenn man den Anpfiff noch mitkriegen wollte.

Fernsehen statt Kino

Anfang der siebziger Jahre gab es in Mannheim noch Kinos wie die Scala (Mannheims modernstes Kino mit Dolby Surround System), das Universum, wo vor Filmbeginn das Kinopublikum noch auf einem Keyboard unterhalten wurde oder das Alster-Kino, in dem das Rauchen auch während der Vorstellung erlaubt war. Trotzdem blieben die Lichtspielhäuser immer öfter leer. Viele Kinos mussten schließen, denn der neue Trend hieß: Fernsehen statt Kino.

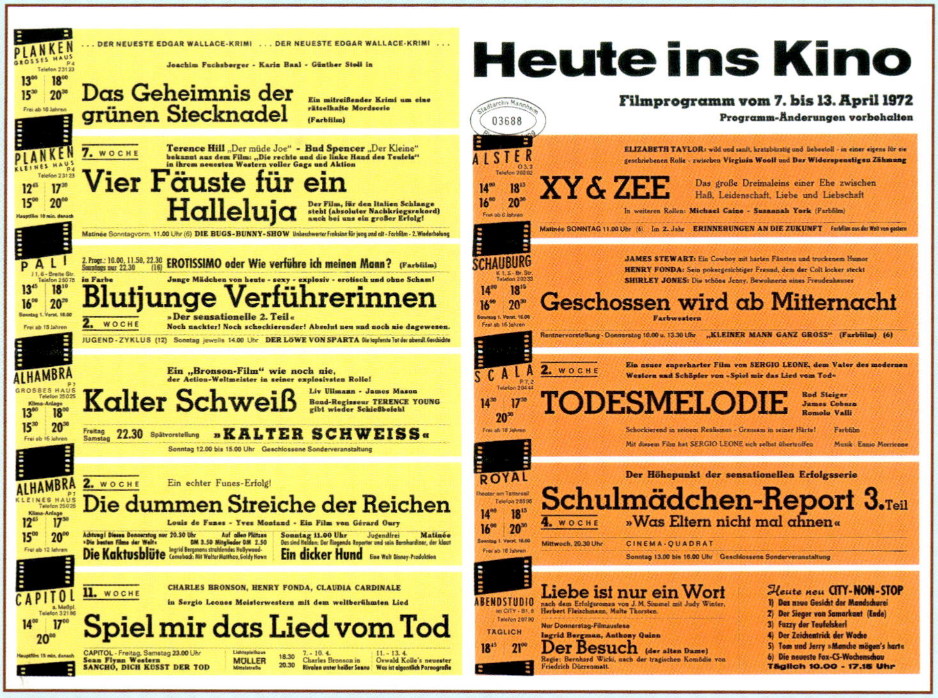
PLANKEN GROSSES HAUS P4 Telefon 23123 – 13.00 15.30 18.00 20.30 – Frei ab 16 Jahren
... DER NEUESTE EDGAR WALLACE-KRIMI ... DER NEUESTE EDGAR WALLACE-KRIMI ...
Joachim Fuchsberger - Karin Baal - Günther Stoll in
Das Geheimnis der grünen Stecknadel
Ein mitreißender Krimi um eine rätselhafte Mordserie (Farbfilm)

PLANKEN KLEINES HAUS P4 Telefon 23123 – 12.45 15.00 17.30 20.00 – Hauptfilm 10 min. danach
7. WOCHE
Terence Hill „Der müde Joe" - Bud Spencer „Der Kleine" bekannt aus dem Film: „Die rechte und die linke Hand des Teufels" in ihrem neuesten Western voller Gags und Aktion
Vier Fäuste für ein Halleluja
Der Film, für den Italien Schlange steht (absoluter Nachkriegsrekord) auch bei uns ein großer Erfolg!
Matinée Sonntagvorm. 11.00 Uhr (6) DIE BUGS-BUNNY-SHOW Unbeschwerter Frohsinn für jung und alt - Farbfilm - 2. Wiederholung

PALI I 1, 6 - Breite Str. Telefon 25075 – 13.45 16.00 18.10 20.20 – Sonntag 1. Vorst. 16.00 – Frei ab 18 Jahren
2. Progr.: 10.00, 11.50, 22.30 Sonntags nur 22.30 (16) EROTISSIMO oder Wie verführe ich meinen Mann? (Farbfilm)
in Farbe – Junge Mädchen von heute - sexy - explosiv - erotisch und ohne Scham!
Blutjunge Verführerinnen
2. WOCHE – »Der sensationelle 2. Teil« Noch nackter! Noch schockierender! Absolut neu und noch nie dagewesen.
JUGEND-ZYKLUS (12) Sonntag jeweils 14.00 Uhr DER LÖWE VON SPARTA Die tapferste Tat der abendl. Geschichte

ALHAMBRA P7 GROSSES HAUS Telefon 25025 Klima-Anlage – 13.00 15.30 18.00 20.30 – Frei ab 16 Jahren
Ein „Bronson-Film" wie noch nie, der Action-Weltmeister in seiner explosivsten Rolle!
Kalter Schweiß
Liv Ullmann - James Mason – Bond-Regisseur TERENCE YOUNG gibt wieder Schießbefehl
Freitag Samstag 22.30 Spätvorstellung »KALTER SCHWEISS«
Sonntag 12.00 bis 15.00 Uhr Geschlossene Sonderveranstaltung

ALHAMBRA P7 KLEINES HAUS Telefon 25025 Klima-Anlage – 12.45 15.00 17.30 20.00 – Frei ab 12 Jahren
2. WOCHE – Ein echter Funes-Erfolg!
Die dummen Streiche der Reichen
Louis de Funes - Yves Montand - Ein Film von Gérard Oury
Achtung! Diesen Donnerstag nur 20.30 Uhr »Die besten Filme der Welt« Auf allen Plätzen DM 3.50 Mitglieder DM 2.50 – Die Kaktusblüte – Ingrid Bergmans strahlendes Hollywood-Comeback: Mit Walter Matthau, Goldy Hawn
Sonntag 11.00 Uhr Jugendfrei Matinée – Das sind Helden: Der fliegende Reporter und sein Bernhardiner, der klaut – Ein dicker Hund – Eine Walt Disney-Produktion

CAPITOL a. Meßpl. Telefon 32186 – 14.00 17.00 20.00 – Hauptfilm 15 min. danach
11. WOCHE
CHARLES BRONSON, HENRY FONDA, CLAUDIA CARDINALE
in Sergio Leones Meisterwestern mit dem weltberühmten Lied
Spiel mir das Lied vom Tod
CAPITOL - Freitag, Samstag 23.00 Uhr Sean Flynn Western SANCHO, DICH KÜSST DER TOD
Lichtspielhaus MÜLLER Mittelstraße – 18.30 20.30 – 7. - 10. 4. Charles Bronson in Rivalen unter heißer Sonne – 11. - 13. 4. Oswald Kolle's neuester Was ist eigentlich Pornografie

Heute ins Kino
Filmprogramm vom 7. bis 13. April 1972
Programm-Änderungen vorbehalten
Stadtarchiv Mannheim 03688

ALSTER O 3, 3 Telefon 20202 – 14.00 16.00 18.15 20.30 – Frei ab 6 Jahren
ELIZABETH TAYLOR: wild und sanft, kratzbürstig und liebestoll - in einer eigens für sie geschriebenen Rolle - zwischen Virginia Woolf und Der Widerspenstigen Zähmung
XY & ZEE
Das große Dreimaleins einer Ehe zwischen Haß, Leidenschaft, Liebe und Liebschaft
In weiteren Rollen: Michael Caine - Susannah York (Farbfilm)
Matinée SONNTAG 11.00 Uhr (6) Im 2. Jahr ERINNERUNGEN AN DIE ZUKUNFT Farbfilm aus der Welt von gestern

SCHAUBURG K 1, 5 - Br. Str. Telefon 20233 – 14.00 16.00 18.15 20.30 – Sonntag 1. Vorst. 16.00 – Frei ab 16 Jahren
JAMES STEWART: Ein Cowboy mit harten Fäusten und trockenem Humor
HENRY FONDA: Sein pokergesichtiger Freund, dem der Colt locker steckt
SHIRLEY JONES: Die schöne Jenny, Bewohnerin eines Freudenhauses
Geschossen wird ab Mitternacht
Farbwestern
Rentnervorstellung - Donnerstag 10.00 u. 13.30 Uhr „KLEINER MANN GANZ GROSS" (Farbfilm) (6)

SCALA P 7, 2 Telefon 20444 – 14.30 17.30 20.30 – Frei ab 18 Jahren
2. WOCHE
Ein neuer superharter Film von SERGIO LEONE, dem Vater des modernen Western und Schöpfer von »Spiel mir das Lied vom Tod«
TODESMELODIE
Rod Steiger – James Coburn – Romolo Valli
Schockierend in seinem Realismus - Grausam in seiner Härte! Farbfilm
Mit diesem Film hat SERGIO LEONE sich selbst übertroffen Musik: Ennio Morricone

ROYAL Theater am Tattersall Telefon 28398 – 14.00 16.00 18.15 20.30 – Sonntag 1. Vorst. 16.00 – Frei ab 18 Jahren
Der Höhepunkt der sensationellen Erfolgsserie
Schulmädchen-Report 3. Teil
4. WOCHE – »Was Eltern nicht mal ahnen«
Mittwoch, 20.30 Uhr CINEMA-QUADRAT
Sonntag 13.00 bis 16.00 Uhr Geschlossene Sonderveranstaltung

ABENDSTUDIO im CITY - B1, 6 Telefon 20790 – TÄGLICH 18.45 21.00
Liebe ist nur ein Wort
nach dem Erfolgsroman von J. M. Simmel mit Judy Winter, Herbert Fleischmann, Malte Thorsten.
Nur Donnerstag-Filmauslese
Ingrid Bergman, Anthony Quinn
Der Besuch (der alten Dame)
Regie: Bernhard Wicki, nach der tragischen Komödie von Friedrich Dürrenmatt.
Heute neu CITY-NON-STOP
1) Das neue Gesicht der Mandschurei
2) Der Sieger von Samarkant (Ende)
3) Fuzzy der Teufelskerl
4) Der Zeichentrick der Woche
5) Tom und Jerry »Manche mögen's hart«
6) Die neueste Fox-CS-Wochenschau
Täglich 10.00 - 17.15 Uhr

Die Raumpatrouille Orion

Intergalaktischer als in der ARD konnte es selbst im Weltraum nicht zugehen. Commander Mc Lane (Dietmar Schönherr) und Tamara Jagellovsk (Eva Pflug), das prickelnde Traumpaar des Raumschiffs, verteidigten eisern und mit beispiellosem Mut Weltall und Erde gegen die ach so bösen „Frogs“, und obwohl dieser Auftrag höchst gefährlich war, und das Ganze oft zu scheitern drohte, gaben sie nie und nimmer nach.

Die Überwachung der Schaltzentrale hatte höchste Priorität und doch, man will es nicht glauben, blieb immer auch noch ein bisschen Zeit für die Liebe. Musste ja auch sein, sonst hätte sich die schöne Tamara am Ende vergeblich herausgeputzt und wir hätten nie erfahren, was man sich unter einer intergalaktischen Liebe vorzustellen hatte.

Dietmar Schönherr in Raumpatrouille Orion.

„EWG“ – „Einer wird gewinnen“ gehörten zu den beliebtesten Familiensendungen in den 60er Jahren.

Shows und Schnittchen

Am Samstagabend gab es Schnittchen und die großen Shows im Fernsehen. Peter Frankenfeld, Hans Rosenthal und Lou van Burg, waren sehr beliebt, aber Hans-Jochim Kuhlenkampff war der absolute „Darling“ unserer Mütter.

Seine Sendung „Einer wird gewinnen“ erreichte Traumquoten, denn wenn der smarte „Kuli“ über den Bildschirm flimmerte, war beste Abendunterhaltung angesagt, zu der ganz gern mal ein Gläschen Eckes Edelkirsch oder ein Pfälzer Riesling eingeschenkt wurde. Wenn Kuhlenkampff zur Höchstform auflief, saß Deutschland vorm Fernseher, denn er war ein Gentleman durch und durch, einer, der die Frauen über 30 zum Träumen bringen konnte.

Allein, wie er seinen Abgang zelebrierte! Immer in Mantel, Hut und weißem Schal, wie früher im Kino. Unvergessen sind auch die sarkastischen Sprüche seines „Butlers“ Martin Jente, der ihm beim Ankleiden half, bevor sich der große Unterhaltungsgarant dann elegant verbeugte und die wunderbare Unterhaltungssendung auch schon wieder vorbei war. Schade, wo man doch gerade so schön dabei war, „Salzstängelchen“ und „Gold Fischli“ zu knabbern.

Die Vogelstang

Auf der Vogelstang, dem neuen Musterstadtteil von Mannheim, wollten viele Familien wohnen. Die Sehnsucht nach modernen, pflegeleichten Wohnungen war so groß, dass die riesigen Häuser gar nicht schnell genug bezugsfertig sein konnten. In der modernen Trabantenstadt wurde die Zukunft regelrecht aus dem Boden gestampft.

Endlich, so versprachen die Stadtväter, sollte die große Wohnungsnot in Mannheim, unter der noch immer viele Familien litten, der Vergangenheit angehören. Auf der Vogelstang, zwischen Käfertal, Wallstadt und der B 38, wollte man einen modernen; zukunftsweisenden Stadtteil bauen.

Viele Mannheimer machten sonntags Ausflüge zu dieser Großbaustelle um zu verfolgen, wie rasant die Häuser in den Himmel wuchsen, denn in den „Wolkenkuckucksei-Häusern", wie sie wegen ihrer Höhe gerne genannt wurden, sollte das Leben familienfreundlich und höchst bequem werden. Jeder sollte sich wohlfühlen können. Für 20 000 Menschen wollte man eine neue, moderne Heimat schaffen mit Läden, Büros, Arztpraxen, Restaurants, Kirchen, Kindergarten, Schulen, Bahnverbindungen – ja, sogar einem künstlichen See.

Das gigantische Bauprojekt versprach Grünflächen wo nur möglich, denn die Zeit der tristen Hinterhöfe und der fehlenden Freizeitanlagen sollte endlich der Vergangenheit angehören. Die neuen baulichen Akzente des jüngsten Stadtbezirks signalisierten – typisch für diese Zeit – das Aufstreben der Stadt und den stetigen Fortschritt.

Heute gehören die Hochhäuser der Vogelstang zu den schlimmsten „Bausünden" der Stadt. Nachher ist man ja bekanntermaßen immer ein bisschen klüger.

Guter Mond, du gehst so stille

Jetzt war es mit der Ruhe auf dem vielbesungenen Mond endgültig vorbei. Am Montag, den 21. Juli 1969, gegen 3 Uhr mitteleuropäischer Zeit betrat der erste Mensch den Mond. Ein Ruck ging durch die Welt, als der Amerikaner Neil Armstrong fröhlich aus der Mondfähre „Eagle" kletterte und auf dem Mond umherhüpfte, als wäre das die normalste Sache überhaupt. Auf der ganzen Welt saßen die Menschen gebannt vor den Bildschirmen, um dieses historische Ereignis live mitzuerleben. „Der ewige Menschheitstraum", war in Erfüllung gegangen. Neil Armstrong grüßte die Erde mit dem legendären Satz: „Ein kleiner Schritt für einen Menschen, aber ein großer Schritt für die Menschheit".

Der millionste Gastarbeiter

Es war geschafft! Am 10. September 1964 konnte der einmillionste Gastarbeiter in der Bundesrepublik begrüßt werden, genauer am Hauptbahnhof in Deutz.

Der ahnungslose Portugiese Armando Rodrigues de Sá entstieg dem Zug in Deutz gegen Mittag, wo ihn eine feierliche Delegation begrüßte und beglückwünschte. Er erhielt eine Zündapp Sport Combinette und war für viele Tage der berühmteste Ausländer der Bundesrepublik. Die Bilder, die den Glücklichen mit Blumen und Moped zeigten, gingen um die ganze Welt.

Erstes Hochhaus in Mannheim Vogelstang.

Alles drehte sich um Mode.

Wer schön sein will, muss ...

Die erste Liebe

Im Sommer gab es nur ein Ziel: den Stollenwörthweiher. Unsere Clique lag immer in der Nähe vom Steg, dicht am Wasser. Wenn wir unsere Handtücher ausgebreitet hatten, ging gleich das große Eincremen los. Wir Mädchen cremten uns gegenseitig ein, die Jungs machten das selber. Trotzdem hatten wir am Abend meistens einen schlimmen Sonnenbrand, aber das war uns piepegal, Hauptsache, wir waren toll braun.

Herzklopfen!

Wir Mädchen trugen knappe Bikinis, an denen wir laufend rumzupften, weil die Jungs so Stielaugen machten. Wenn wir ins Wasser gingen, liefen sie gleich hinterher, spritzten uns nass oder tauchten uns unter. Bei diesem Spaß merkte man natürlich, wer in wen verknallt war und wer für einen schwärmte. Abends radelte dieser Junge dann meistens den ganzen Heimweg neben einem her, obwohl er gar nicht denselben Weg hatte, sondern auf der Vogelstang oder in Neckarau wohnte und eigentlich wo ganz anders hätte langfahren müssen. Vor der Haustüre sagte er dann „Ah, da wohnst du also, da komm' ich oft vorbei, ein Freund von mir wohnt nämlich ganz in der Nähe". Ach ja? Das war dann oft der Anfang einer sehr geheimnisvollen und sehr, sehr zärtlichen Geschichte.

Spieglein, Spieglein an der Wand …

… wer war die Schönste im Klassenverband? Wir Mädchen bekamen weiche Knie, wenn in den Pausen die Zettelchen der 40 Schülerinnen eingesammelt wurden, die in großangelegten Geheimwahlen die Schönste der Klasse küren sollten.

Auweia, Sommersprossen und rote Haare schieden schon in den Vorrunden aus. Aber auch Schülerinnen aus proletarischen Wohngegenden hatten kaum Chancen, denn schon ein oller Turnbeutel oder eine unkleidsame Badekappe konnten das endgültige Aus bedeuten. Die Kriterien der Wahlen waren gnadenlos, die Entscheidungen knallhart.

Für die Wählerinnen hingegen brachen goldene Zeiten an, denn die „Schönen" konnten ihre Spitzenstellungen nur durch Sympathiebe-

Chronik

11. Februar 1973
Überreichung des Schillerpreises der Stadt Mannheim an den Schriftsteller Peter Handke.

24. Oktober 1973
Auf dem Neuen Messplatz gastiert die Eisrevue „Circus on ice".

29. Oktober 1974
Übergabe des Buches: „So sahen sie Mannheim" an den OB Dr. Ratzel.

1. Januar 1975
In der Bundesrepublik wird das Volljährigkeitsalter von 21 auf 18 Jahre herabgesenkt.

26. März 1975
Einweihung des Mannheimer Fernsehturms.

3. April 1975
Die Fußgängerzone in den Planken wird mit einem dreitägigen Volksfest eingeweiht.

14. April 1975
Die Gesamtschule Herzogenried wird feierlich eingeweiht.

27. Februar 1976
Einweihung der Feuerwache Mitte und Nord.

19. März 1976
Bundespräsident Walter Scheel trägt sich in das Goldene Buch der Stadt Mannheim ein.

Mai 1976
Das Zentralinstitut für Seelische Gesundheit (ZI) wird eröffnet.

3. Juli 1976
Björn Borg hat Ilie Nastase geschlagen und feiert seinen ersten Wimbledon-Sieg.

29. September 1976
Richtfest der Neckarufer-Bebauung.

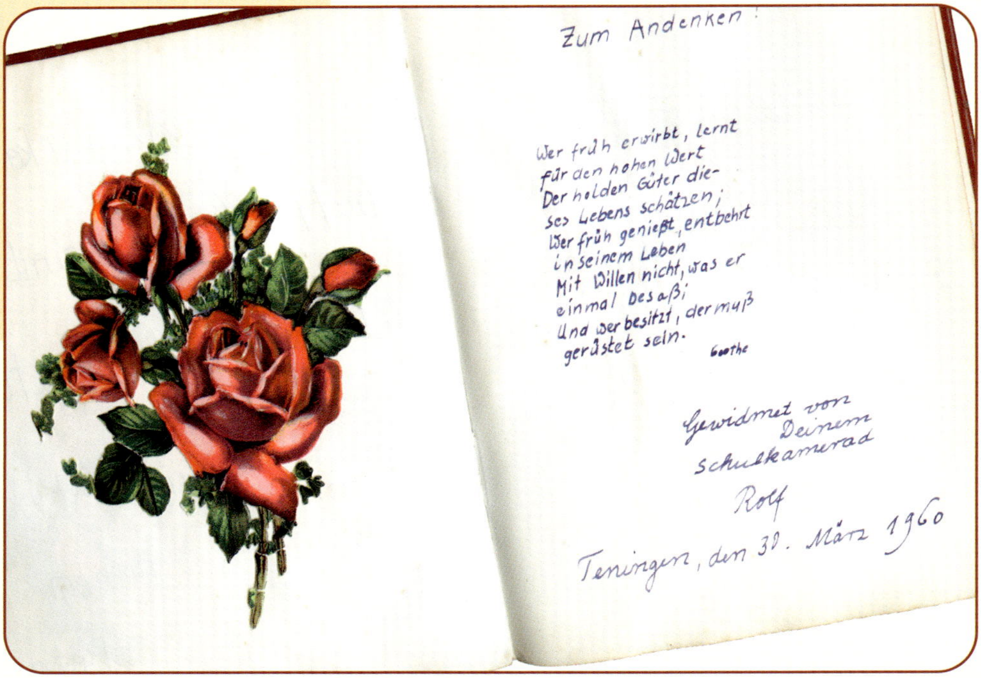

Nur echte Freunde durften in das Poesiealbum schreiben.

kundungen, kleine Geschenke oder Versprechungen in gewaltigen Größenordnungen halten. Wer am Ball bleiben wollte, musste die Spielregeln kennen und, was noch wichtiger war, einhalten. Ansonsten stand die hoffnungsvolle Kandidatin auf verlorenem Posten und das Siegertreppchen rückte in unerreichbare Ferne. Schöner Mist.

Twiggy

„Die teuerste Bohnenstange der Welt", das englische Fotomodell Twiggy, war jetzt in jeder Illustrierten und auf allen Werbeplakaten zu sehen. Auf uns junge Frauen machte dieser neue Frauentyp mit den riesigen Augen und den superkurzen Haaren großen Eindruck, denn sie stellte mit ihren Maßen 78-55-80 völlig neue Regeln auf und wir Mädchen folgten natürlich auch diesem Modediktat nur zu gerne.

Zum Entsetzen der Eltern ließen wir fortan den leckeren Sauerbraten stehen, verzichteten auf die geliebten Dampfnudeln und hungerten uns diesem Ideal immer näher. Ohne mit den Wimpern zu zucken trennten wir uns von unseren langen Haarmähnen, zogen die Bäuche ein und klebten uns falsche Wimpern auf die tiefschwarz geschminkten Augen.

Leider erwies sich der Babyspeck auf unseren Hüften doch als ziemlich zäh, sodass wir gerade mal zwei/drei Pfündchen verloren hatten, als die schöne Twiggy schon wieder halbwegs von der Modebühne verschwunden war.

Das war natürlich höchst ärgerlich, denn für den nächsten Trend (Hippie-Mode) waren extrem lange Haare angesagt und da hatten wir Twiggy-Verschnitte mit unseren raspelkurzen Fransen natürlich verdammt schlechte Karten.

Hippie-Mode

Das, was die unbekümmerten „Blumenkinder“ im sonnig-heiteren Kalifornien vorlebten, sollte auch für viele Jugendliche in Deutschland sehr schnell zum neuen Lebensgefühl werden. Der brandneue Trend schrieb uns Frauen ein mädchenhaftes Aussehen vor, das in erster Linie durch lange, bunte Röcke und sackartige Nesselblusen betont wurde. Aber auch durch Dauerwellen im „Engels-Look“ und Modeschmuck mit indischem Touch.

Der Fantasie waren keine Grenzen gesetzt und so wurden Kleidungsstücke gefärbt, genäht und mit Perlen bestickt, dass es die hellste Freude war.

Die Männer ließen sich Bärte wachsen, trugen erdfarbene Rollkragenpullover, ausgebeulte Cordhosen, dazu Samtwesten oder aus Flokatiteppichen genähte Mäntel. Letztere waren schwer gewöhnungsbedürftig, aber ungemein cool. Gekrönt wurde das Outfit durch die lässigen „Jesus-Schlappen“, die von den ganz unverbesserlichen Hippies sogar noch im Winter getragen wurden.

In der Gesellschaft fand dieser wallende Modetrend keinen Beifall, vielmehr wurden diese Jugendlichen als „ungepflegte Gammler“ und „arbeitsscheues Volk“ abgestempelt. Die sexuelle Freizügigkeit der Hippies brachte den bestehenden Generationskonflikt schier zum Überlaufen.

Schmuckverkäufer unter freiem Himmel.

Der Beat

Endlich gab es die Musik, die nichts mehr von dem alten Mief der vergangenen Nachkriegsjahre an sich hatte. Wir Jugendliche waren nicht mehr aufzuhalten. Wir drehten den neuen Sound auf, dass die Gläser in den Wandschränken zitterten, denn wir konnten von diesem „Dreckskrach", wie unsere Eltern es nannten, gar nicht genug bekommen.

Die Rolling Stones oder auch die Beatles drehten sich pausenlos und zu jeder Tages- und Nachtzeit auf den Plattentellern. Obwohl kaum einer von uns die Liedtexte verstand, kreischten

Im Rosengarten wurden die Twistkönige prämiert.

Da war die Hölle los!

wir in unsrem selbstgebastelten Englisch jeden Song lautstark mit. Logisch, das gab Ärger. Alles deutete darauf hin, dass die Jugend frech und aufsässig geworden war, wodurch sich mancher Vater aufgerufen fühlte, dem „Wahnsinn“ ein Ende zu machen, indem er kurzerhand die geliebte Platte aus dem Fenster warf oder, noch schlimmer, die Scheibe rigoros über dem Knie zerbrach. Das Geschrei in den Häusern war groß. Taschengelder wurden gestrichen. Hausarrest erteilt.

Trotzdem wurde das „Gedudel“ nicht leiser, denn wenn die Beatles ihre Pilzköpfe schüttelten und ihr: „ I wanna hold your häää-äääää äääääääääää-änd“ kreischten, war uns alles andre völlig schnuppe, denn in der Musikszene wurden jetzt völlig neue Töne angeschlagen. In den Häusern allerdings auch.

Der Mopedrausch

Wer bei den Frauen punkten wollte, musste natürlich motorisiert sein. Ein Auto war zu teuer, also musste ein Moped her. Am besten eine Kreidler, Zündapp oder Herkules mit gewaltigem Sound und einer Doppelsitzbank, an denen die legendären Fuchsschwänze wedeln konnten. Außerdem wurden die „Objekte der Begierde“ auch noch „frisiert“, denn nur, wer mehr als 50 ccm unter dem Hintern hatte, konnte mitreden und bei den Rennen durch die Quadrate auch richtig auf die Tube drücken.

Um das zu erreichen, musste an diesen „heißen Öfen“ viel geschraubt und gebastelt werden. Dazu eigneten sich die Mannheimer Hinterhöfe bestens. Rund um die Uhr wurden dort Vergaser ausgetauscht, Keilriemen gewechselt, Auspuffe poliert, Rückspiegel justiert und halsbrecherische Bremsproben durchgeführt. Die Anwohner fühlten sich durch diesen Lärmpegel sehr gestört, sodass es oft Ärger gab.

Man hörte diese Zweiräder die halbe Nacht durch die Straßen knattern und röhren, denn meistens waren ganze Cliquen unterwegs, sodass der Lärm gar nicht mehr abriss. Vor den Häusern, in denen wir Mädchen wohnten, gaben die jungen Männer dann noch mal ordentlich Zwischengas, rissen das Vorderrad hoch und zogen die Bremsen so abrupt, dass das Pflaster Funken sprühte.

Das war natürlich großes Kino und wir hätten ohne Frage nur zu gerne noch die eine oder andere Runde mit einem dieser „Asphaltrider“ gedreht, aber den Bürschchen wurden ganz schnell Beine gemacht und für uns Mädchen hieß es: „Bettkarten zwicken und ab ins Körbchen“. Schade eigentlich.

Dolce Vita

Bis wir Mädchen die Erlaubnis bekamen, alleine in Urlaub fahren zu dürfen, floss erst einmal viel Wasser den Rhein hinunter, denn die ängstlichen Eltern waren nicht leicht zu überzeugen. Ins Ausland, nach Italien gar, wo die kleinen Italiener sowieso nichts anderes im Schilde führten, als uns unerfahrene Mädchen verführen zu wollen, kam schon gar nicht in die Tüte. Trampen? War streng verboten!

Diskussionen dieser Art wurden in der Regel sehr laut geführt und waren zunächst auch nicht sehr ergiebig. Trotzdem ließen wir Mädchen nicht locker. Mit dem ganzen Einsatz unseres weiblichen Charmes suchten wir immer wieder das Gespräch, verweigerten das Essen, weinten viel und zeigten uns oft besorgniserregend abwesend. Wie ernsthaft traurig wir waren, betonten wir dadurch, dass wir keinerlei Wünsche mehr äußerten. Ein paar neue Schuhe? Ein neues Kleid? – Nein, brauchten wir nicht, wozu auch?

Wenn uns einer zum Lachen bringen wollte, seufzten wir auf und gingen extrem früh ins Bett. Das war aber erst Stufe eins. Bei Stufe zwei bekamen wir Schüttelfrost und Albträume der heftigsten Art. Stufe drei blieb uns meistens erspart, denn zwischenzeitlich hatten uns die Eltern doch beim Stadtjugendring angemeldet, allerdings nur unter der Voraussetzung, dass sie sich auf uns verlassen konnten und wir in Rimini keinen Unsinn machen würden. Natürlich nicht!

Italien, wir kommen!

Zwei kleine Italiener, die träumten von Napoli, von Tina und Marina ...

Lehrjahre sind keine Herrenjahre

Diesen Satz mussten wir uns oft anhören und trotzdem waren wir Glückspilze, denn Lehrstellen gab es damals in Mannheim genug. Jeder Schulabgänger konnte sich seinen Berufswunsch erfüllen. Viele Jungs erlernten handwerkliche Berufe: KFZ-Mechaniker, Elektriker, Installateur, Schlosser, Schreiner oder etwas Ähnliches. Die Mädchen tendierten zu Ausbildungsberufen wie Friseurinnen, Dekorateurinnen, Arzthelferinnen oder Verkäuferinnen.

Obwohl wir alle noch mächtig Flaum hinter den Ohren hatten, mussten wir früh, oft schon mit fünfzehn oder wenig älter, unsere Berufswahl treffen. Manche Jugendliche hatten so gar keine Idee, was sie werden könnten, sodass diese Frage oft von den Eltern, die ja auch noch ein Wörtchen mitzureden hatten, beantwortet wurde. Viele dieser Ausbildungen wurden später abgebrochen oder nur dann konsequenterweise beendet, wenn Eltern gar nicht mit sich reden ließen.

So wechselten viele von uns ihre Ausbildungsplätze. Einige machten auch Weiterbildungen an Handelsschulen oder ähnlichen Institutionen. Das Geld dafür war aber in vielen Familien einfach nicht da.

Glücklicherweise war das Stellenangebot in den 70er Jahren riesengroß. Wir alle wurden auf dem Arbeitsmarkt gebraucht und konnten uns ein Beschäftigungsfeld aussuchen, das unseren Fähigkeiten und Interessen entsprach. Diese Sicherheit war wohl das größte Geschenk dieser Zeit – und vielleicht waren wir ja auch deshalb so unbekümmert, damals.

Worüber wir Mannheimer reden

Blumepeterfest

Jetzt gab es jedes Jahr ein großes Spektakel in Mannheim, das Blumepeterfest. Zu Ehren unseres Originals, dem Blumepeter, wurde dieses große Stadtfest 1967 vom Karnevalsverein „Feurio“ ins Leben gerufen. Bei „Brotworscht, Erbsesupp', Fleschworschtbredsche un ä paar Bierle“, kamen sich Alt und Jung schnell in den Quadraten näher, und wenn dann noch unser „Tschoyle“ (Joy Fleming) „rischdisch uffgedreht hot“, war die ganze Stadt am Swingen und Feiern.

Für die waschechten Mannheimer war und ist dieses urige Stadtfest der Höhepunkt aller Veranstaltungen, denn nirgendwo sonst kann man so „babble“, wie einem der Schnabel gewachsen ist „un des is halt äfach a mol schääääh“.

Unvergessen, der prächtige Blumenkorso.

Der Blumenkorso

Sicherlich gehört dieser farbenprächtige Umzug zu den unvergesslichen Erinnerungen an die frühen sechziger Jahre in Mannheim. Tausende Menschen säumten damals die Kunststraße, die Breite Straße und die Planken, um all die wunderbar gestalteten Wagen zu bewundern und zu bejubeln. Ganz Mannheim stand Kopf, als der märchenhafte Zug zum Wasserturm rollte. Unzählige Blüten und Knospen waren zu duftenden Themenwagen verarbeitet, sodass die Chemiestadt Mannheim (wie sie fälschlicherweise oft genannt wird) aufregend parfümiert schien.

Natürlich fand dieses französisch anmutende Spektakel im schönen Wonnemonat Mai statt. Unsere Mütter, die sonst eher zu gedeckten Farben tendierten, hatten sich für diesen besonders schönen Umzug mächtig in Schale geworfen. Wenn sie in ihren pastellfarbenen Kostümen und in ihren weißen Pumps so aufregend elegant umherstöckelten, konnte man sich selbst in Mannheim leicht mit ein bisschen Fantasie nach Nizza träumen.

Wir Kinder waren außer Rand und Band. Oben auf den blumengeschmückten Wagen winkten die schönsten Mannheimer Mädchen und warfen Rosen und Gutsel in die begeisterte Zuschauermenge. Obwohl wir Mädchen und Buben unseren besten Sonntagsstaat anhatten, krochen wir jeder Karamelle hinterher, denn wir liebten diese süßen „Plombenzieher" über alles. Wie unsere prall gefüllten „Dutten" später zeigten, hatten sich unsere Hechtsprünge gelohnt.

10 Friedenspfennige

Der Blumepeter, das Original und der Repräsentant der Mannheimer Mentalität, war ein kleiner Blumenhändler, der seine Sträußchen für 10 Friedenspfennige verkaufte. An ihm, der nicht lesen und schreiben konnte, hat sich der Mannheimer Witz entzündet und entzündet sich noch immer. Ihm wurden Hunderte von Witzen zugeschrieben, die zwar nie und nimmer von ihm stammen, was aber den Mannheimer nicht davon abhält, dem Blumepeter weiterhin diese Geschichten zuzuschreiben. Nach der Legende liebte er seine kleine Nichte Erna über alles und erzählte überall von ihr: „Die Ernale, des is ä gscheides Kind – erschder zwee Johr alt un konn schun Drecksau saache".

Unser Mannheimer Original, der Blumepeter.

Joy Fleming

Die Tatsache, dass der „Mannemer Neggarbrigge-bluus“ (Neckarbrückenblues) sogar die internationale Musikszene aufhorchen ließ, löste 1972 in den Diskotheken der Stadt und in den Herzen der Menschen fast einen Ausnahmezustand aus.

Der Song, der an Realität und Ehrlichkeit nicht zu überbieten war, kam zur großen Überraschung der Mannheimer auch noch im Dialekt daher und wer sich mit diesem Mannheimer Dialekt auskennt weiß, dass man bei dieser „Sproch“ nicht allzu schmerzempfindlich sein darf.

Nichtsdestotrotz ist es unsrem „Joyle“ (wie Joy Fleming hier in Mannheim gerne liebevoll genannt wird), 1972 gelungen, einen Blues zu röhren, wie ihn selbst hartgesottene Musikkritiker noch nicht gehört hatten. Joy Fleming, die große Soul- und Bluessängerin, wurde zur Musik-Ikone der 70er Jahre.

Ganz Mannheim kriegte weiche Knie, wenn „des Mannemer Joyle“ auf den viel zitierten Brettern der Stadtfeste mit ihrer sensationellen Drei-Oktaven-Stimme und ihrer unvergleichlichen Musikalität zeigte, wie ein ordentlicher „Bluus“ zu klingen hat.

Dass danach der Wasserturm noch stand, war ein Wunder, denn diese Stimme brachte alles ins Schwanken.

Mit ihrem „Neggarbriggebluus“, der pfeildirekt und unüberbietbar liebevoll und exakt Stadt und Mensch skizzierte, setzte sich Joy Flemming schon 1972 ein musikalisches Denkmal. Dass Joy Fleming trotz großer internationaler Erfolge immer „eine von uns“ geblieben ist, liegt vielleicht daran, dass diese außergewöhnlich warmherzige Frau nie aufgehört hat, zu menscheln.

Joy Fleming, Mannheims schönste Stimme.

Wir sind Weltmeister

Ja, ist denn heut' scho' Weihnachten? Oh ja, am 7. Juli 1974 war Christkindlstimmung in ganz Deutschland. Der Grund: unser großartiges „Müllerle“ (Gerd Müller) trickste in einem sensationellen Ballaustausch die niederländische Abwehr aus und schoss den Ball zielsicher und mit der Wucht einer Granate ins Tor der Holländer. Deutschland war Weltmeister! In den Quadraten war die Hölle los. Die Mannheimer waren außer Rand und Band. 2:1 gegen Holland!! Ja, war denn das zu fassen? Ruckzuck waren die Kneipen voll. Dort dröhnten die Musikboxen wie an Fastnachtdienstag. Das Bier floss in Strömen. Was für ein Tag? Was für eine unbändige Freude! Karnevalstimmung mitten im Sommer. „So ein Tag, so wunderschön wie heute ...“

Die Bundesgartenschau

Und es war auch nicht übertrieben, dass einige Mannheimer die Bundesgartenschau 1975 mit Weihnachten verglichen. Die Stadt wurde nämlich so rausgeputzt, dass sie tatsächlich in einem neuen, wenn nicht sogar festlichen Glanz erstrahlte. Der Rosengarten zeigte sich von seiner elegantesten Seite, als Bundespräsident Walter Scheel am 18. April 1975 in einem großen feierlichen Festakt die Veranstaltung eröffnete, wo unter vielen Darbietungen eine Gruppe Fahnenschwinger aus Florenz die Menschen verzauberten. Aber auch Tanzgruppen traten auf und nicht zu vergessen, die Fischer-Chöre. In jeder Ecke der Stadt wurde gefeiert, denn die beiden Standorte, Herzogenriedpark und Luisenpark, waren zum Freizeitparadies für die Mannheimer Bevölkerung geworden.

Kutzerweiher mit den beliebten Gondolettas.

Hier gab es jetzt den Fernsehturm, die Multihalle, zahlreiche Kinderspielplätze, die Seebühne, die großen Grillplätze, den erweiterten Kutzerweiher mit seinen fünfzig Gondolettas, die Spielwiesen und vieles mehr. Diese wunderbaren Einrichtungen haben sicherlich viel dazu beigetragen, dass das Lebensgefühl in Mannheim noch ein Stückchen besser wurde.

Der neue Aerobus

Die Vorstellung, mit dem neuen Luftbus über Mannheim zu schweben, war für uns sehr verlockend, ja vielleicht sogar das Highlight der Bundesgartenschau überhaupt. Der Aerobus war sensationell. Jeder wollte einsteigen und abheben – nur Fliegen konnte schöner sein.

Das beste war, die Schwebebahn brauchte für die Strecke Herzogenried – Max-Joseph-Straße – Kurpfalzbrücke – Neckardamm – Fernmeldeturm nur neun Minuten und dabei rollten die Fahrgäste in zwanzig Meter Höhe sicher und bequem über Mannheim hinweg. Um bei der Wahrheit zu bleiben, muss gesagt werden, dass es auch kleine technische Pannen gab. Keine lebensbedrohlichen Situationen, aber immerhin mussten doch einige Kabineninsassen per Rettungsleiter in Sicherheit gebracht werden.

Selbst unser Oberbürgermeister Ludwig Ratzel blieb nicht verschont. Am 8. Mai 1975 musste auch für ihn in der Max-Joseph-Straße die Leiter ausgerollt werden, was natürlich mit viel Aufregung verbunden war. Danach allerdings gab es keine technischen Störungen mehr. Die Wartungskosten waren jedoch so hoch, dass der abenteuerliche Aerobus nach der Bundesgartenschau demontiert werden musste. Schade, wo das „Fensterln" doch jetzt auch in der Kurpfalz en vogue war.

Mannheims beliebter Fernsehturm mit Drehrestaurant.

Ein Aerobus mit Tücken.

Hinaus ins Leben

Mit Stenografie und Schreibmaschine in die Chefetagen

Viele junge Frauen absolvierten jetzt Steno- und Schreibmaschinenkurse, die sich die Eltern oft mühsam vom Munde absparten, denn die Sekretärinnen-Schulen verlangten hohe Kursgebühren. Trotzdem waren viele bereit, für uns in ein solides kaufmännisches Fundament zu investieren. Schließlich sollten die Töchter später eine „saubere Arbeit“ machen, eben „etwas im Büro“.

Schreibmaschinen wurden gekauft oder gemietet, denn das Erlernte musste täglich geübt und gefestigt werden. Nur wer die Sache richtig ernst nahm, konnte die Schreibgeschwindigkeit deutlich verbessern und seinen beruflichen Zielen näher kommen. Jetzt waren Ehrgeiz und Durchhaltevermögen angesagt. Fertig. Aus.

Zum Glück kannten wir „angehende Chefsekretärinnen“, die uns einen kleinen, aber wirkungsvollen Trick verrieten. Bandagierte Unterarme und extrem hartnäckige „Sehnenscheidenentzündungen“, die sich kaum kurieren ließen, sorgten dafür, dass Kurse abgebrochen und eingestaubte Schreibmaschinen zurückgebracht werden mussten. So ein Pech.

Ob das Tippen mit langen Fingernägeln funktioniert?

Gute Nachrichten – schlechte Nachrichten

Aus den Nachrichten erfuhren wir im Herbst 1977, dass „Saturday Night Fever", der große Kinofilm mit John Travolta, fast hundert Millionen Dollar einspielte. Außerdem wurde Woody Allen für seinen Film „ Der Stadtneurotiker" mit vier Oscars ausgezeichnet. Das waren die guten Nachrichten.

Aber wir mussten auch am 19. Oktober 1977 aus den Nachrichten erfahren, dass der am 5. September 1977 entführte Hanns-Martin Schleyer in Mühlhausen tot aufgefunden wurde. Die Ermordung des Industriellen Hanns-Martin Schleyer löste in der Bundesrepublik großes Entsetzen aus.

Die RAF (bekannt als Baader-Meinhof-Gruppe), die sich zu diesem Mord bekannte, operierte hauptsächlich mit gewaltsamen Mitteln gegen Politiker, Industrielle und Bankbosse. Zu ihren bekanntesten Mitgliedern zählten: Jan-Carl Raspe (Selbstmord in Stammheim am 18. Oktober 1977), Ulrike Meinhof (Selbstmord in Stammheim am 9. Mai 1976), Gudrun Ensslin (Selbstmord in Stammheim am 18. Oktober1977), Andreas Baader (Selbstmord in Stammheim am 18. Oktober 1977).

Der Ermordung von Hanns-Martin Schleyer wurden folgende RAF-Mitglieder verdächtigt: Christian Klar, Elisabeth von Dyck, Brigitte Mohnhaupt, Silke Maier-Witt, Jörg Lang, Friederike Krabbe, Rolf Heißler und Rolf Clemens Wagner.

Weitere Opfer der Roten-Armee-Fraktion waren: J. Ponto und A. Herrhausen. Erst nach dem Zusammenbruch der DDR 1989 löste sich die gefürchtete Terrororganisation RAF auf.

Demonstrationen, Hausbesetzungen und WGs

Selbst Joschka Fischer rannte als Teilnehmer einer Demonstration in Frankfurt vor der Polizei davon. Später bekannte sich der Politiker zur damaligen Sponti-Szene und räumte ein, einen zentrale Rolle im Straßenkampf der 70er Jahre gespielt zu haben. Nie zuvor und nie wieder danach wurde so viel demonstriert. Viele Studenten in ganz Deutschland stellten Besitz und Eigentum infrage. Der Kampf gegen Mietwucher und Bodenspekulation stand im Sinne eines neuen Wertewandels.

Für viele ältere Menschen in Deutschland waren das Aufbegehren der Studenten und das kritische Hinterfragen der Jugendlichen äußerst beängstigend, wodurch sich der schon bestehende Generationskonflikt noch um ein Vielfaches zuspitzte. Die Auseinandersetzungen in den Familien machten deutlich, dass neue Wohnformen gefunden werden mussten. Die Lösung waren Wohngemeinschaften. Viele Studenten und Jugendliche zogen in eine WG, um dem familiären Druck auszuweichen. Diese neue Form des Wohnens konnten zunächst nur wenige Eltern akzeptieren, was sich aber schnell änderte. Ein Grund für den Sinneswechsel waren die diskussionsfreien Abende in den Elternhäusern, die jetzt endlich wieder mit Lesen und gemütlichen Fernsehabenden ausgefüllt werden konnten.

Das „wilde" WG-Leben.

Der Führerschein

Vom Führerschein träumten wir alle. Wer ihn hatte, konnte sich am Wochenende das Auto des Vaters ausleihen oder, wenn er als Glückspilz geboren war, sogar schon ein eigenes Auto fahren und damit mächtig Eindruck machen. Die meisten von uns mussten aber erst einmal tüchtig sparen, um den teuren Führerschein machen zu können, denn nicht alle Eltern

Jetzt konnte man ordentlich Gas geben.

konnten so großzügig sein. Zudem sollten wir lernen, die Erfüllung unserer Wünsche selbst zu bezahlen.

Na ja, wir hatten ja viele Fähigkeiten, aber Sparen war nicht unbedingt unsere Stärke, was im Klartext hieß, wir gaben das wenige Geld, das wir hatten, auch weiterhin für Zigaretten, Klamotten, Kosmetik und die teuren Diskobesuche aus. Sprachen aber dennoch unentwegt vom Führerscheinmachen und den tollen roten Cabrios, die wir uns bald kaufen wollten. Später fuhren wir dann irgendwelche alten Schrottkisten, an denen laufend rumgeschraubt werden musste, weil sie sonst Benzin verloren oder einfach nicht ansprangen. Dabei waren sie nicht mal rot, geschweige denn, dass sie einem Cabrio ähnlich sahen. Nichtsdestotrotz hatten sie vier Räder, und vier Räder bedeuteten: Freiheit!

Darf ich bitten?

Bevor die jungen Frauen am Wochenende zum Tanzen gingen, war immer großes Schminken und „Haaremachen" angesagt. Dieses Ritual konnte Stunden dauern, denn schließlich gab es immer wieder neue Schmink- und Haartrends, die ausprobiert werden mussten, wenn man en vogue sein wollte – und wer wollte das nicht?

Die Trockenhauben liefen rund um die Uhr auf Hochtouren. Nägel wurden lackiert, Masken angerührt, x-Grundierungen aufgetragen, abgepudert, gemacht, getan, bis man dann endlich zum Tanzen ins „Alstercafé", ins „Carl Theodor" oder ins „Café Wägele" ging, wo immer eine Band spielte und richtig was los war. Die Gittaristen und die Schlagzeuger waren nicht nur leidenschaftliche Musiker, sondern auch begabte Herzensbrecher, die dafür sorgten,

Chronik

CHRONIK

8. Februar 1977
Die schwedische Popgruppe ABBA wird mit vier Goldenen Schallplatten ausgezeichnet.

28. März 1977
Verleihung des Ehrenrings der Stadt Mannheim an Sepp Herberger.

8. August 1977
Übergabe Kinderhaus 1 am Neckarufer Nord.

5. September 1977
Hanns Martin Schleyer wird durch ein Kommando der Roten Armee entführt und ermordet.

2. Mai 1978
Die Schillertage werden als offizielles Festival ins Leben gerufen.

30. Mai 1978
Es entsteht die Planung der großen Neckaruferbebauung.

2. September 1978
Bau der Radrennbahn.

9. September 1979
In Neckarau wird die Livebühne für Musik und Kabarett „Gehring's Kommode" eröffnet.

26. September 1979
Einweihung der Fußgängerzone „Breite Straße"

29. September 1979
Anlässlich der Eröffnung des Kinder- und Jugendtheaters „Schnawwl" findet auf der Neckarwiese ein großes Volksfest statt.

Mannheimer Nächte sind lang …

Die Trockenhauben waren am Wochenende immer im Einsatz.

dass die jungen Frauen ganz gerne mal die Uhrzeit vergaßen, wodurch der häusliche Ärger natürlich schon wieder vorprogrammiert war.

Trotzdem wurde auch damals nicht alles so heiß gegessen, wie es gekocht wird und deshalb zogen sich die jungen Frauen erst noch einmal ordentlich die Lippen nach, sprühten sich ein bisschen „Charlie" hinter die Öhrchen und guckten auf dem Heimweg vielleicht noch mal kurz ins „Tiffany" rein, denn die Nächte in den 70er Jahren waren so voll von Geheimnissen, dass sie fürs Schlafen einfach nicht gemacht waren.

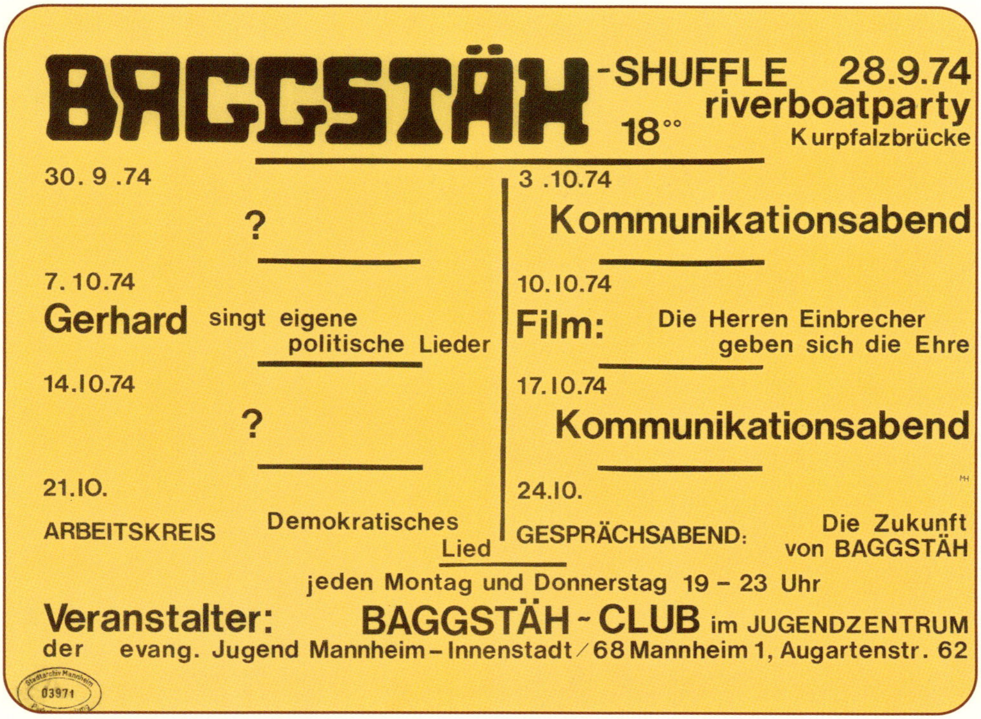
BAGGSTÄH -SHUFFLE 28.9.74
18°° riverboatparty
Kurpfalzbrücke

30. 9 .74
?

7. 10.74
Gerhard singt eigene politische Lieder

14.10.74
?

21.10.
ARBEITSKREIS Demokratisches Lied

3 .10.74
Kommunikationsabend

10.10.74
Film: Die Herren Einbrecher geben sich die Ehre

17.10.74
Kommunikationsabend

24.10.
GESPRÄCHSABEND: Die Zukunft von BAGGSTÄH

jeden Montag und Donnerstag 19 – 23 Uhr
Veranstalter: BAGGSTÄH - CLUB im JUGENDZENTRUM
der evang. Jugend Mannheim - Innenstadt / 68 Mannheim 1, Augartenstr. 62

Hier wurde viel diskutiert.

Darf ich Ihnen Feuer geben?

Rauchen war schick. Ja, sogar sexy. Beim Feuergeben wurde viel geflirtet. Wir junge Frauen hatten nämlich den dafür nötigen Augenaufschlag lange vor dem Spiegel geübt und waren mindestens so verführerisch wie unsere Vorbilder im Fernsehen. Unser besonderes Interesse galt der hohen Kunst des Zigarettenhaltens, denn darin zeigte sich, wer ein Profi war und wer nicht.

Wir kauften uns extrem dünne und lange Zigaretten, die besonders extravagant aussahen und uns einen Hauch von „Grande Dame" schenkten. Das Gefühl, mit einer Zigarette in der Hand im „Rialto" oder im „ Café Universum" zu sitzen, war sensationell.

Von allen Seiten flammten die Feuerzeuge auf, wenn wir junge Frauen auch nur den leisesten Versuch machten zu rauchen. Dabei wurden verheißungsvolle Blicke getauscht und erste Kontakte geknüpft.

Erwischen lassen durften wir uns natürlich nicht. Das Reizthema Rauchen sorgte nämlich in fast allen Familien für ständigen Zündstoff und für uns Mädchen schickte sich das schon mal gar nicht. Also mussten wir extrem vorsichtig sein und immer eine gute Ausrede parat haben – aber das war natürlich die leichteste Übung.

Die große Liebe

Viele von uns hatten jetzt keine kleinen Flirts mehr, sondern etwas „richtig Festes". Gewöhnlich wohnten wir aber noch bei den Eltern, die sehr darauf bedacht waren, dass „unser Besuch", wie unser fester Freund im Elternhaus gerne genannt wurde, sich anständig benahm und sich zu einer christlichen Zeit verabschiedete.

Wer mit seinem Liebsten ungestört telefonieren wollte, musste oft in eine Telefonzelle gehen.

Angemessen war 22 Uhr, was gleichzeitig auch die oberste Schmerzgrenze war. Alles andere stieß auf Empörung und konnte seitens der Eltern auf gar keinen Fall akzeptiert werden. Das waren natürlich nicht die Freiheiten, von denen wir träumten. Also musste eine eigene Wohnung her. Unser Leben war bezugsfertig.

Geschafft!

Jetzt verdienten wir unser eigenes Geld, fuhren ein Auto, mieteten eine Wohnung an, verlobten uns, heirateten, nahmen die Pille, tapezierten Wände, strichen Möbel an, brannten Räucherstäbchen ab, hängten Krishna-Poster auf, schrieben Gedichte, trugen Plateau-Schuhe, aßen Hawaii Toast, lasen die „Emma", töpferten, knüpften, stickten, lernten Fremdsprachen, nähten Schlaghosen, drapierten Übergardinen, verzierten Tischläufer, drehten die Musik auf, gaben Tupperpartys, gingen auf Konzerte, tranken Cola /rot, schlürften Martini, bestellten bei Quelle, trugen indische Kleidung, diskutierten über Sex, verehrten Oswald Kolle, rauchten Filterlose, wechselten den Arbeitgeber, kauften auf Kredit, verscherzten es uns mit den Eltern, versöhnten uns wieder, zelebrierten Fondues, kauften: Römertöpfe, Zeltausrüstungen, Yucca-Palmen ; machten Brigitte-Diäten, bauten Flokati Höhlen, hörten Kuschelmusik, planten Urlaube, träumten vom Reisen. Paris, die Stadt der Liebe, war unser aller Ziel – was sonst? Das Leben war perfekt.

Angekommen! Wir sind zum ersten Mal in unserem Leben in Paris.

WIR WIR WIR WIR WIR WIR WIR WIR WI

Aufgewachsen in MANNHEIM ...

... weißt Du noch – dort drüben war das alte Kino, und dort die Straßenecke, wo wir heimlich den ersten Kuss tauschten. Und die Treppe zur Kirche hinauf, was kam die uns damals so hoch vor, die Stufen nahmen gar kein Ende. Und überhaupt: Bilder über Bilder entstehen im Kopf, vermischt mit Geräuschen und Gerüchen aus unbeschwerten Zeiten, die wir längst vergangen glaubten.

Obwohl jede und jeder im Leben einen eigenen Weg gegangen ist, eigene Entwicklungen genommen und ganz unterschiedliche Erfahrungen gemacht hat, so haben wir doch in derselben Stadt gelebt, sind im selben Schulbus gefahren, haben das selbe Kino besucht und dem selben Fußballclub zugejubelt.

Das persönliche Geschenkbuch – für alle, die sich gerne an ihre Kindheit erinnern

Aufgewachsen in MANNHEIM
Die 40er & 50er Jahre
von Helmut Fiedler
ISBN 978-3-8313-1881-0

Aufgewachsen in MANNHEIM
Die 60er & 70er Jahre
von Margot Dreier
ISBN 978-3-8313-1882-7

Diese Reihe aus dem Wartberg Verlag gibt es für viele Städte in Deutschland!
Fordern Sie unser Verlagsprogramm an oder besuchen Sie uns auf
www.wartberg-verlag.de · www.kindheitundjugend.de

Wartberg Verlag GmbH & Co. KG
34281 Gudensberg-Gleichen · Im Wiesental 1
Telefon: 05603/93050

WIR WIR WIR WIR WIR WIR WIR WIR WI